RÜGEN

Blick auf die Ostsee im Nationalpark Jasmund

99 RÜGEN BESONDERHEITEN DER INSEL

entdeckt von Sandra Pixberg

mitteldeutscher verlag

Inhaltsverzeichnis

Rügen – nicht nur für Badehungrige

Auf Deutschlands größter Insel scheint die Sonne statistisch gesehen häufiger als in allen anderen Regionen. Einem klassischen Sonnenurlaub steht also im Sommer nichts im Wege, was 1,37 Millionen Gäste pro Jahr auch wissen. Rügen ist beliebt und deshalb natürlich auch bekannt. Der Königsstuhl, die Selliner Seebrücke oder das Kurhaus von Binz. Wer kennt diese Orte nicht, wenigstens vom Hörensagen oder von Bildern. Aber die Schönheit der Insel kommt nicht nur an diesen prominenten Orten zur Geltung. Oft sind es gerade die kleinen Plätze, die still die typische Insel-Atmosphäre verbreiten.
Geschichtliche Orte wie Gutshäuser, kleine Museen und Kirchen mit Überbleibseln der slawischen Ureinwohner, Juwelen der Bäderarchitektur, Plätze, an denen noch der Ruch der Fischer hängt. Eine Kirche, die engagierte Leute in der DDR retteten. Zwei Schätze aus der Vergangenheit, die vor nicht allzu langer Zeit gehoben wurden.
Auch Galerien, kulturelle Veranstaltungen und Gemeinden, die nach der Wende langsam wieder lebendiger werden, gehören zu den besonderen Seiten der Insel.
Alles über Feinkosthersteller und -verkäufer, Kunsthandwerker und andere Kulturschaffende, Orte für Genießer sowie Wissenswertes über Wittows Fischbrötchen verrät die Rügener Autorin. Unentdeckte Wanderpfade, Fahrradrouten, Picknickbänke und Aussichtspunkte in Rügens wunderbarer Natur laden zu Ausflügen in unbekannte Gegenden der Insel ein.
Schließlich gibt es auch den einen oder anderen echten Geheimtipp, der bisher noch in keinem Reiseführer zu finden ist.

Der Königsstuhl ragt 118 Meter aus dem Meer

Dank Kreide in der europäischen Liga

1

Verein Rügener Heilkreide e.V.
www.heilkreide.de

Es ist schier unglaublich, wenn man in der Stubbenkammer zum ersten Mal den schneeweißen Boden zwischen der Laubschicht hindurchschimmern sieht. Und darauf soll etwas wachsen? Die rund 250 Jahre alten Buchen, die die UNESCO 2014 zum Weltnaturerbe erklärt hat, beweisen es.

Auf Jasmund besteht der größte geologische Kreideaufschluss Norddeutschlands. „Rügen gehört sozusagen in die touristische Europaliga, dorthin, wo die Konkurrenz Korsika heißt, Sardinien und Bornholm. Die Stubbenkammer gehört nach Dover, wo jede anständige weiße Klippe hingehört", so Tom Peuckert, Autor und Regisseur, in seinem Rügen-Reiseführer.

Wolfgang Rudolph, der in dem Buch „Die Insel Rügen" seine Heimat 1954 genau beschrieb, bemerkte: „An zahlreichen Stellen Rügens liegt die reine Kreide dicht unter dem Mutterboden: auf Jasmund, bei Arkona, auf einem breiten Streifen von Poseritz-Stubben bis Dumsevitz-Altkamp im Süden der Insel und in kleineren Schollen am Dornbusch auf Hiddensee, am Silvitzer Ort in der Granitz, bei Thiessow und auch bei Altefähr. Eigentlich findet sich Kreide überall in dieser Gegend. Bei Tiefbohrungen stieß man in der Nähe von Stralsund nach 74 Metern auf eine Kreideschicht, die bis in 260 Meter Tiefe reicht. Auf Jasmund sind die Schichten wahrscheinlich über 400 Meter dick."

„„De lütt Mann' waren die Frauen und Kinder aus Sassnitz, die die Kreide in Schiebkarren zu den Booten am Strande fuhren."

Irritierenderweise nennt sich die auf Rügen vorkommende Kreide zwar Schreibkreide. Dennoch ist es nicht die, die das kleine Einmaleins und die Buchstaben aus der Fibel an die

Kreide im Meer färbt das Wasser ein

Tafeln schreibt. Und es ist auch nicht die, die der Wolf in dem Märchen von den sieben Geißlein frisst, um seine Stimme in die Höhe zu treiben. Denn Schulkreide besteht aus Gips. Die Rügener Kreide dagegen entstand in der Blütezeit der Saurier, der Kreidezeit, und besteht aus Kalkablagerungen.

Bis zum Zweiten Weltkrieg setzte man sie vor allem für die Zementproduktion ein. Durch die Industrialisierung und die Weiterentwicklung chemischer Produkte änderte sich das. Zwischen 1950 und 1990 diente sie unter anderem als Füllstoff in der Kabelindustrie bei Gummi-Isolierungen, war Bestandteil von PVC-Rohren, Kunstleder und Folien sowie bei der Porzellan- und Steingutherstellung einschließlich der von Sanitärporzellan. In der Fliesenindustrie kam es zum regelrechten Masseneinsatz von Rügener Kreide. Um 1800 wurde sie zum ersten Mal im heutigen Sassnitz abgebaut. „In diesen ersten Kreidewerken

war Frauen- und Kinderarbeit gang und gäbe. Die Männer im Bruch hießen ,de groot Mann', – ,de lütt Mann' waren die Frauen und Kinder aus Sassnitz, die die Kreide mit Schiebkarren zu den Booten am Strande fuhren", schreibt Wolfgang Rudolph.
Später wurde das „weiße Gold von Rügen" mit Kipploren transportiert, dennoch blieb es schwere körperliche Arbeit. Die Kreideindustrie hinterließ weithin sichtbare Narben in der Landschaft. Sämtliche Kreidebrüche wurden 1962 mit der Eröffnung des Kreidewerks Klementelvitz geschlossen. Heute verwendet man den fossilen Kalk nur noch im Wellness- und Kosmetikbereich unter dem Label „Rügener Heilkreide".

Fossilien aller Art stecken in der Kreide

Letzter Rest des Pansevitzer Schlosses

Der Mond als Beleuchtungsassistent

2

Hinterlandbühne Rügen e. V.
03838 313611
www.rotekugel.com

„Werd' ich zum Augenblicke sagen: Verweile doch! Du bist so schön! Dann magst du mich in Fesseln schlagen, dann will ich gern zugrunde gehn!", bietet der Gelehrte Faust in der gleichnamigen Goethe-Tragödie dem Teufel zum Pakt an. Aus Erfahrung glaubt er zu wissen, dass er persönlich niemals dem Stillstand den Vorzug geben werden würde, dass er sich niemals zum Bösen verführen lassen, auch niemals ein Momentchen Glück gegen den Rest seines Leben eintauschen würde.
Wer Goethes Faust kennt, weiß, dass des Teufels Schliche, wie die Verjüngung des alternden Gelehrten, die Verführung des braven Gretchens sowie der drohende Unbill der anderen Leute, am Ende genau dazu führen, dass Faust sich wünscht, alles werde nur einen Augenblick noch verweilen.

Ein Mephisto, dessen Schweiß sich beim Herumwälzen als Pudel mit dem abendlichen Grastau mischt.

Falls jemandem bei diesem Theaterstück bisher zum Lebendigwerden noch irgendetwas fehlte, dann weiß man nach der Aufführung im Pansevitzer Park bei Gingst, was es war: ein Vollmond, der hinter überschattenden Wolken, seinem persönlichen Geschmack folgend, sich als eigenwilliger Beleuchtungsassistent gibt. Fledermäuse, die durch das Scheinwerferlicht irritiert in das Dunkel des Parks flattern. Maulwurfhügel, die den eigenen Gang behindern. Eine Walpurgisnacht zwischen Gesträuch und Bäumen mit echten Fackeln und Feuern angeleuchtet. Ein Mephisto (Frank Benz, brillant), dessen Schweiß sich beim Herumwälzen als Pudel mit dem abendlichen Grastau mischt.
Im Halbdunkel beginnt das Theaterstück mit spielfreudigen Laien-, einem Profischauspieler, musikalischer Untermalung

Frank Benz als Mephisto im Park

durch Instrumente und Chor vor und auf den Resten des Pansevitzer Schlosses. Das Publikum folgt den Schauspielern im Scheinwerferlicht acht Stationen lang durch den zwölf Hektar großen Landschaftspark vom Halbdunkel bis in die Dunkelheit. In der Pause finden sich die Zuschauer plötzlich selbst in Auerbachs Keller wieder, auf den Tischen vor ihnen stehen Rotwein, Käsestangen und Oliven.

Die natürlichen Faktoren, ein einstudierter Klassiker und das ins Geschehen einbezogene Publikum ist eine Mischung, die ihresgleichen sucht. Jede Aufführung ist anders, vieles bleibt den äußeren Umständen überlassen.

Das Werk und Leben des Weimarer Autors beschäftigt Initiator und Mitspieler Boris Hruschka (geb. 1967) aus dem nahen Schweikvitz schon länger. „Hier war Goethe nie" hieß es im Jahr zuvor und meinte den Pansevitzer Schlosspark. Dabei scheint ein Konzeptteil für die Aufführungen in Pansevitz aus einem Naturführer zu entstammen: Sie treten nur bei Vollmond auf. Die Vollmondspaziergänge können Vorträge, Lesungen oder Theaterstücke sein. Oft sind es tatsächlich Spaziergänge durch den ausschließlich mit Kerzen beleuchteten Park, während der Schauspieler und Autor Boris Hruschka bekannte Lyrik rezitiert. In der besonderen Atmosphäre des Landschaftsparks, am Rande des Boldevitzer Forstes, verschmelzen Natur und Kultur zu einem einzigartigen Zusammenspiel. Mit Faust I war nun Goethe in gewisser Weise doch schon in dem Westrügener Schlosspark, allerdings postmortal.

Sphärische Töne beim Szenenwechsel

Auch während der Rast bleiben sie wachsam

Rastplatz für Kraniche

3

Es zählt zu den atemberaubendsten Schauspielen, wenn Kraniche (Grus grus) auf den Freiflächen auf Wittow, Ummanz und in anderen Teilen Rügens landen. Die bis zu sieben Kilo schweren Vögel legen beim Anflug eine glatte Meisterleistung hin, elegant erreichen sie die Erde der abgeernteten Felder. Während der Albatros anderswo legendäre Bruchlandungen hinlegt, schwebt der Kranich mit einer beeindruckenden Flügelspannweite von bis zu 2,45 Metern zentimetergenau auf sein angepeiltes Ziel zu. Anders als andere Vögel kann sich der Kranich aufrichten und erreicht so eine beeindruckende Größe von 1,30 Metern. Der graue Körper setzt sich von dem schwarz-weißen Kopf hart ab, am Schopf wachsen scharlachrote längere Federn. Der Kranich faszinierte die Menschen schon zu Zeiten der griechischen Götter. In der griechischen Mythologie symbolisierte er Wachsamkeit und Klugheit und wurde Demeter, Hermes und Apollon zugeordnet.

Wie andere Zugvögel auch fliegen Kraniche zu mehreren in V-Form, um den Winden nicht so ausgesetzt zu sein – im „Energiesparmodus". Auf ihrer Reise von Skandinavien nach Süd- oder Südosteuropa legen sie an vereinbarter Stelle immer wieder eine gemeinsame Rast mit anderen Kranichen ein. Der Ort hat für sie Tradition, die Großfamilien, die zusammen fliegen, treffen sich jährlich mit den anderen Großfamilien. Bis zu 200 Tiere versammeln sich dann auf der Reise und, wie bei Menschen auch, gibt es eben was zu erzählen, wenn man eine Reise tut. Durch ihre Größe kostet sie das Auffliegen sehr

Der Kranich faszinierte die Menschen schon zu Zeiten der griechischen Götter.

Informationen und Kranich-Shuttle
Nationalparkamt Vorpommersche Boddenlandschaft

Informationsstelle Waase (Ummanz)
038305 53481
www.nationalpark-vorpommersche-boddenlandschaft.de

Kranich-Bootstouren ab Schaprode
Weiße Flotte
03831 26810
www.weiße-flotte.de

Aerodynamische Wildvogel-Formation

viel Kraft, sie sollten also von den Feldern nicht unnötig aufgescheucht werden.

Bis zum Weiterflug können dann Tage oder sogar Wochen vergehen, denn wie bei jeder Rast geht es auch darum, wieder satt zu werden. Tierische und pflanzliche Bestandteile wie Nagetiere, Insekten, Würmer und Saaten sowie Wildkräuter stehen auf der Speisekarte des Kranichs. Während die Kraniche rasten, kann man sie auf Rügen bei Führungen und Ausflugsfahrten beobachten. Empfehlenswert ist mit dem eigenen Auto bis Waase, dem ersten Ort hinter der Brücke auf Ummanz, zu fahren. Dort betreibt das Nationalparkamt Vorpommersche Boddenlandschaft im September und Oktober jeden Jahres eine kleine Zweigstelle in der alten Küsterei. Neben fundierten Informationen bietet das Amt einen „Kranich-Shuttle" nach Tankow an, einem Ort weiter nördlich auf Ummanz. Dort steht ein großer

Aussichtsturm neben einem traditionellen Übernachtungsplatz der Kraniche. Sind sie noch nicht eingeflogen, braucht man vor allem eins: Geduld. Je nach Wetterlage können auch warme Kleidung und Tee nicht schaden.
Wenn die Glücksvögel dann im Oktober in Richtung Süden oder Südosten weiterziehen, hört man auf Rügen vor dem Winter zum letzten Mal die vertrauten trompetenartigen Rufe. Zwar sind Kraniche fähig, bis zu 2.000 Kilometer an einem Stück zu fliegen, in der Regel liegt ihr Tagespensum aber zwischen zehn und 100 Kilometer.

Kraniche beim Landungsanflug

Meer, Strand und Dünen sind die Trauzeugen

Das Ja-Wort im Rettungsturm

4

Standesamt Binz

Rettungsturm am Strandzugang Nr. 6
038393 37428
www.ostseebad-binz.de

Vom rettenden Hafen spricht man, wenn die Ehe gemeint ist. Doch vom Rettungsturm? Ulrich Müther (1934–2007) hätte es sich zu Lebzeiten jedenfalls nicht träumen lassen, dass seine HP-Schale eines Tages als Außenstelle des Standesamtes Binz fungieren würde. Für derlei romantischen Schnickschnack wäre er wahrscheinlich schwer zu haben gewesen. Dennoch führte der kühle Ingenieur in der DDR ein „Ausnahmeleben".

Das Werk von Müther umfasst rund 60 aufsehenerregende Hyparschalen mit öffentlichen Funktionen, die an der Ostseeküste, im Osten landesweit und im westlichen Ausland, wie die Planetarien in Tripolis, Wolfsburg und Helsinki, von Müther und seinen Mitarbeitern geplant, errechnet und gebaut wurden. Ästhetisch entsprechen die Dachkonstruktionen konsequent der in den 1960er und 1970er Jahren vorherrschenden Mode – bis heute rufen sie Bewunderung aufgrund des Schwungs und der Leichtigkeit hervor. Der nüchterne Ingenieur sah in ihnen aber in erster Linie eine mathematische Herausforderung.

Bis heute rufen die Müther-Bauten Bewunderung aufgrund des Schwungs und der Leichtigkeit hervor.

Zu DDR-Zeiten gelang es ihm, zwischen Duldung und Anerkennung des Staates seine Bauprojekte zu verwirklichen. Diese Symbiose mit dem Staat ermöglichte es Müther einerseits, auf der Ostseeinsel ohne Parteibuch allerhand Privilegien zu erlangen. Andererseits baute er dem DDR-Regime „Sonderbauten", damit die Gleichheit in den Neubaugebieten im Land nicht zu gleichförmig wurde.

Die Provinz gewährte dem Ingenieur Schutz vor zu viel staatlichem Einfluss. Die Ostseeküste war für ihn lebensbestimmend:

bei der Berufsauswahl, für sein ästhetisches Empfinden, bei seinem Hobby Segeln.

Nach der Wende verschlechterten sich die Bedingungen und seine Firma musste aufgrund der Außenstände 1999 Insolvenz anmelden. Bei der Sanierung und Modernisierung „seines Teepotts" in Warnemünde hatte er Anteil. Auch andere Bauten von ihm konnten so saniert werden, dass sie den heutigen Ansprüchen genügen. Einige Bauten zerfallen, andere – prominentestes Beispiel ist das Ahornblatt auf der Berliner Fischerinsel – wurden abgerissen. So auch der „erstgeborene" Zwilling des Rettungsturms. Die Seebrücke war in der DDR einem Sturm zum Opfer gefallen und Müther bekam den Auftrag, an dieser markanten Stelle eine Strandwacht in charakteristischer Form zu schaffen. Die „Rettungsstation der Strandwache 1" wurde nach dem Entwurf des für Müther arbeitenden Architekten

4

Dietrich Otto (geb. 1943) im Jahr 1975 direkt vor Ort am Strand gegossen. Die eigens dafür hergestellte, zweiteilige Schablone übergossen Müthers Mitarbeiter mit Beton. Anschließend setzten sie die Teile wie Muschelschalen zusammen. Als man 1993 die Seebrücke erneuerte, opferte man für einen reibungslosen Ablauf der Bauarbeiten leichtsinnig dieses Stück DDR-Geschichte. Glücklicherweise hat der 1981 in gleicher Weise gebaute Zwilling die Wirren der Wende überlebt. Sich das Ja-Wort in der „Rettungsstation der Strandwache 2" zu geben, setzt für eine so große Herausforderung wie die Ehe bestimmt das richtige Zeichen.

Ulrich Müther segelt mit asthmakranken Kindern

Mohn auf einem brachliegenden Feld bei Samtens

Von Kuhschellen und dem Echten Eibisch

5

Auf Rügen gibt es zurzeit zwei Nationalparks. Deutschlands kleinster, der Nationalpark Jasmund mit 30 Quadratkilometer Fläche, ist der bekanntere von beiden. Der Nationalpark Vorpommersche Boddenlandschaft umfasst 800 Quadratkilometer Land- und Wasserfläche zwischen Rügen, Hiddensee und dem Zingst, der westlichen Nachbarinsel. Auf Rügen stehen nur die Insel Ummanz und der Bug südlich von Dranske unter diesem besonderen Schutz. Hier darf die Natur Natur sein, das heißt, in den Kreislauf wird nur dort eingegriffen, wo auf Straßen und Wegen direkte Unfallgefahr für Menschen besteht. Besucher sollen nichts in den Nationalpark hineinbringen und nichts herausnehmen, Fotos ausgenommen.

Nationalpark Jasmund
www.nationalpark-jasmund.de

Nationalpark Vorpommersche Boddenlandschaft
www.nationalpark-vorpommersche-boddenlandschaft.de

Im Biosphärenreservat Südost-Rügen wird ebenfalls nach nachhaltigen Kriterien gewirtschaftet, aber für die Region von ungefähr Putbus über Lancken-Granitz nach Mönchgut bedeutet das keineswegs, dass die Natur hier Natur sein darf. Dort werden zum Beispiel Schafe bewusst dafür eingesetzt, vor der Verwaldung der Magervegetation in den Zicker Bergen zu schützen.

Was das Unkrautmanagement anlangt, so hat der konventionelle Landwirt bei so massenhaftem Auftritt der roten Schönen nicht aufgepasst.

Was die Wildblumen auf Rügen betrifft, so findet man in den Schutzzonen, aber auch außerhalb, so manche Exemplare, die deutschlandweit auf der Roten Liste stehen, weil sie vom Aussterben bedroht sind. Wilde Orchideen zum Beispiel, Bergsandglöckchen, Stranddisteln und Echte Eibische. Auch die Kuhschellen in Neu-Mukran sind nicht nur auf menschliche Rücksicht, sondern auf ihre Hilfe angewiesen. Jedes Jahr

vor Weihnachten lädt eine Umweltorganisation Rügener dazu ein, sich von den Flächen eine „Weihnachtskiefer" zu schlagen, damit die Kuhschellen im Frühjahr genug Licht bekommen und nicht verschwinden.

Die prominenteste Wildblume auf Rügen ist der Klatschmohn. Das Saatgut verbreitet sich durch den Wind zuverlässig. Felder, die brach liegen, werden spätestens im darauffolgenden Jahr komplett in dem satten Rot leuchten, das so gut mit dem blauen Himmel, womöglich sogar dem Meer, harmoniert. In jedem Juni findet man Klatschmohn-Felder an anderer Stelle, bei Samtens, bei Baabe oder bei Nipmerow. Was das Unkrautmanagement anlangt, so hat der konventionelle Landwirt bei so massenhaftem Auftritt der roten Schönen nicht aufgepasst. Auch andere Wildblumen sind ein Indikator dafür, dass hier entweder das falsche Herbizid oder eben gar keins, wie in der

5

ökologischen Landwirtschaft, verwendet wurde. Oft sind es nur die Feldränder, an denen Kamille, Ackerrittersporn oder Kornblumen wachsen. Hier kann man davon ausgehen, dass das Feld mit Herbiziden behandelt wurde und nur der Rand aus Rücksicht auf die Gesundheit der Touristen und Spaziergänger ausgespart wurde.

Wildkräuter wie Wasserminze, Dost, und Küstenlauch sind sehr verbreitet. Man sollte bei einer Sammlung jedoch sichergehen, dass sich kein Landwirt mit der Giftspritze daran versucht hat. Leider kann das auch für die Früchte an den Windschutzhecken gelten, die in Süd- und Westrügen sowie Wittow die Felder und oft auch die Küstenzüge abtrennen.

Frühsommerlicher Wildblumenstreifen bei Gustow

Drei Kegelrobben halten Ausschau nach einem Revier

Die Rückkehr der Totgesagten

6

Seit dem Winter 2004 werden regelmäßig Kegelrobben rund um eine Sandbank im Greifswalder Bodden beobachtet. Bei niedrigem Wasserstand liegen die Tiere auf Findlingen und sind schon von Weitem an ihrer „Bananenform" zu erkennen. Offenbar erkunden sie zurzeit, ob die Gegend für ein neues Revier geeignet ist.

WWF Deutschland
www.wwf.de/themen-projekte/bedrohte-tier-und-pflanzenarten/kegelrobbe/ostsee-kegelrobbe

Anfang des 20. Jahrhunderts begannen die Fischer, ihre tierische Konkurrenz effizient zu jagen und zu töten. Danach gab es in der Ostsee regelrechte Ausrottungskampagnen, die die Kegelrobbe erfolgreich verschwinden ließ: Spurlos aus der südlichen Ostsee, in der nördlichen überlebten von ursprünglich 100.000 rund 2.500 Tiere. Es schien das Aus für diese Art zu sein. Gifte und Schwermetalle aus Industrie und Landwirtschaft setzten den verbliebenen Weibchen schwer zu, es kam zu häufigen Fehlgeburten. Inzwischen hat sich die Wasserqualität erholt. Fischer können zu den Nimmersatten nur ein gespaltenes Verhältnis aufbauen. Die bis zu 2,50 Meter großen Tiere sind eine echte Konkurrenz bei so dünn gewordenen Fanggründen im Meer. Im nördlichen Ostseeraum erholte sich der Bestand langsam, im Süden nicht. Ab und zu wurden Robben im Frühjahr auf der Heringsjagd gesichtet. Entschieden haben sich die Kegelrobben vor Rügen noch nicht. Zwar zählen die Gewässer zu einem ihrer ständigen Aufenthalte, aber es gibt noch keine feste Kolonie mit Jungtieren an Land. Geeignete Küstenabschnitte hat die Insel genug, sodass die Geburt der ersten Rüganer Kegelrobbe nur eine Frage der Zeit ist.

Fischer können zu den Nimmersatten nur ein gespaltenes Verhältnis aufbauen.

Angstenbergers Installation in Lauterbach

„U-Boot-Fische" von Christian Wielka

Fürst Malte und moderne Kunst

7

CIRCUS EINS
Circus 1
18581 Putbus
0151 42446638
www.circus-eins.de

Zeitgenössische Kunst in Putbus, nichts liegt ferner. Videokunst, Installationen, abstrakte Gemälde. Gebrauchsgegenstände wie Handläufe, die gewöhnlich der Treppe zur Seite gestellt werden, jetzt hängen sie in der Galerie an der Wand.

Kunst, die sich mit dem Aufbrechen von Sehgewohnheiten, mit Themen wie Ästhetik und Wahrnehmung, Macht in der Politik und Ökonomie beschäftigt. Und das in der klassizistischen Fürstenresidenz Putbus, die mit ihrer, schon zur Bauzeit konservativen Architektur danach trachtete, Sehgewohnheiten zu bestätigen. Darauf pochte, Macht zu demonstrieren.

Susanne Burmester, Galeristin und Initiatorin der zeitgenössischen Kunst in Putbus, sieht die aktuellen Aspekte: „Die besondere, architektonisch-botanische Umgebung beeinflusst auch die Wahrnehmung der Kunst. Präsentation und Umgebung werfen in dieser Zusammenschau Fragen zu Ästhetik und künstlerischer Praxis auf, entwerfen Welten und entfalten gemeinsame Potenziale."

„Präsentation und Umgebung entwerfen Welten und entfalten gemeinsame Potenziale."

Denn die Galerie im Kronprinzenpalais Putbus (CIRCUS EINS) hat Zuwachs bekommen: Das teilsanierte Haus am Circus 11 ist ebenfalls bis auf Weiteres Ausstellungsort. Auf rund 450 Quadratmetern erleben Besucher ein breites Spektrum von Werken aller Genres. Und ein dritter Ort in der Umgebung von Putbus: Erstmals 2016 ist auf dem Gelände des Stahlbauunternehmens FLZ Stahl und Metallbau Lauterbach GmbH die Sommerausstellung, eine ortsspezifische Installation des Berliner Künstlers Nándor Angstenberger zu sehen.

Auf der Strecke: Die vogelreiche Üselitzer Wiek

Bikers (T)Rail

8

Der Bau der Kleinbahnstrecke von Altefähr bis Göhren dauerte fünf Jahre. Ihre Linienführung war nicht einfach, zwar gab es Gutsbesitzer, die ihre Grundstücke sofort an die Rügensche Kleinbahn angeschlossen sehen wollten. So leicht waren die Ernteerträge nie nach Altefähr gekommen. Doch es gab auch Gutsbesitzer, die befürchteten, dass das Feuer speiende Vehikel die Milcherträge ihrer Kühe schrumpfen ließe. Die Trasse musste also mit einigen Umwegen gelegt werden. Ab 1899 nutzte man sie für die Landwirtschaft, aber auch als Personenverkehrsmittel. „Gerne erinnere ich mich einer Kleinbahnfahrt in den lachenden Frühling auf Rügen. (...) Plötzlich pfiff die Lokomotive auf freier Strecke, dicht vor Neparmitz, einen wütenden kurzen Ordnungspfiff, der Zug bremste hart und hielt ruckelnd an. Was war geschehen? Eine Ziege nagte zwischen den Gleisen und war nicht zu bewegen, die fetten Weidegründe aufzugeben" (Wolfgang Rudolph, Die Insel Rügen, 1954).

Bahnhof Putbus
Bahnhofstraße 14
18581 Putbus
www.ruegensche-baederbahn.de

„Eine Ziege nagte zwischen den Gleisen und war nicht zu bewegen, die fetten Weidegründe aufzugeben."

1967 wurde die Kleinspurbahn stillgelegt. Heute fährt sie wieder, allerdings nur von Putbus nach Göhren, unter dem Namen „Rasender Roland". Die Kleinbahntrasse von Putbus bis Altefähr konnte teilweise gerettet werden und mit anderen Versatzstücken stellt sie heute eine attraktive 42 Kilometer lange Radroute durch das landwirtschaftlich geprägte Südrügen da.

Der Einstieg in die gut ausgeschilderte Strecke ist in der August-Bebel-Straße in Putbus, oberhalb des Marktplatzes. Zunächst führt sie Richtung Darsband, dann links ab nach Garz.

Das Gutshaus in Groß Schoritz

Vortrag mit Diskussion im Gutshaus

Der Geschichte auf der Spur

9

Ernst Moritz Arndt Gesellschaft e. V.

Zur Schoritzer Wiek 68
18574 Groß Schoritz
www.ernst-moritz-arndt-gesellschaft.de

Unweit von Garz, nahe dem Gutshaus von Groß Schoritz, wuchs einmal ein kleiner Junge heran. Sein Vater war Leibeigener des Gutsherren, jedoch als Verwalter über die anderen Leibeigenen gestellt. Schließlich schaffte es der Vater, sich freizukaufen. Nun konnte er ein bürgerliches Leben führen. Er schickte seinen begabten Sohn auf die Universität nach Greifswald, wo dieser Geschichte und Theologie studierte. Das war der Beginn des umwälzenden, bahnbrechenden und spannenden Lebens von Ernst Moritz Arndt (1769–1860), das ihn von Greifswald über Frankfurt, wo er Anteil an der Deutschen Revolution 1848 hatte, bis zur Bonner Universität führte.

In dem Gutshaus bietet die Ernst-Moritz-Arndt-Gesellschaft seit 1992 samstags um 15 Uhr (mit einer langen Sommerpause) ebenfalls spannende Vorträge an: Es wird Fragen nachgegangen, warum es im 19. Jahrhundert eine intensive Diskussion über eine „Nationaltracht" gab und welchen Einfluss das auf den Maler Caspar David Friedrich aus Greifswald gehabt hat. Oder warum der Einfluss der Holländer in Norddeutschland zur gleichen Zeit so mächtig war, dass man von einer „Niederlandisierung des Ostseeraums" sprechen könnte.

Dies war nur der Beginn des umwälzenden, bahnbrechenden und spannenden Lebens, das Ernst Moritz Arndt führte.

Oft ranken sich die Themen um die Zeit des berühmten Namensgebers. Doch auch Konzerte, Buchpräsentationen, Lesungen und Ausstellungseröffnungen erleben Besucher der aktiven Gesellschaft im Gutshaus. Im Garten steht außerdem ein öffentlich zugänglicher Aussichtsturm, von dem aus man in die vogelreiche Schoritzer Wiek sehen kann.

Herbst am Kreidesee

10

Ein Baggersee auf Rügen

Satte 574 Kilometer Küstenlinie an Meer und Bodden auf Rügen. Das gegenseitige Durchdringen von Wasser und Land macht außerdem, dass kein Ort der Insel weiter als acht Kilometer von dieser Küstenlinie entfernt ist.

Wer braucht da noch zusätzlich einen Baggersee? Eine gute Frage, die unbeantwortet bleiben muss.

Das Loch in Klein Stubben westlich von Garz entstand ursprünglich beim Abbau des „weißen Goldes". Der Kreideabbau auf Rügen erreichte mit über 30 Schlemmkreidefabriken und vielen kleinen und großen Brüchen zwischen 1860 und dem Anfang des 20. Jahrhunderts seinen Höhepunkt. In Wiek auf Wittow baute man etwas voreilig die Kreideverladebrücke, die nie in Betrieb war. In dieser Zeit hat man wohl auch das vergleichsweise geringe Kreidevorkommen in Klein Stubben abgebaut.

Zurückgeblieben ist ein See, der halb versteckt im Wald liegt, dessen Grund an manchen Stellen zauberhaft türkis und grün schimmert. Ein zwei Kilometer langer Waldpfad führt einmal um den See herum, an den Resten eines Hauses vorbei, das der Trockenraum für die Kreide gewesen sein könnte. Möchte man den Wanderweg um zwei Kilometer verlängern, dann zweigt man an der Pension Forsthaus Garz ab, den Kreidesee im Rücken, und läuft über einen Feldweg, der einen weiten Blick über die Landschaft gewährt. An der ersten Abzweigung nach rechts geht es durch das Berglaser Holz zurück zum Kreidebruch. Zwei Badestellen und eine Baumschaukel ermöglichen das Eintauchen in eine ganz und gar untouristische Attraktion auf Rügen.

Zurückgeblieben ist ein See, der halb versteckt im Wald liegt, dessen Grund an manchen Stellen zauberhaft türkis und grün schimmert.

Die alte Rasse Pommersches Landschaf passt in die Region

Aus der Stadt auf die Schafweide

11

Schafhof Drigge

Drigge 4
18574 Gustow
038307 41144

Reinhard Martin kam 1995 nach Vorpommern. Bis dahin hatte er in Hannover sehr erfolgreich Expeditionsfahrzeuge verkauft – ein Autohaus mit rund 30 Mitarbeitern geführt. Stressig, ruhelos und von gewagten Investitionen sei sein Großstadtleben geprägt gewesen. Heute grasen auf den Hügeln der Halbinsel Drigge seine 152 Muttertiere und viele Lämmer, allesamt Pommersche Landschafe.

SPIX Wie hat sich Ihr Leben verändert? / MARTIN Ich werde nicht mehr vom Telefon getrieben, sondern von Notwendigkeiten und dem Vegetationszyklus, damit es meinen Schafen gut geht. // SPIX Wie kamen Sie auf die Idee, Schafe zu züchten? / MARTIN Zu Beginn wusste ich nichts von Schafen. Ich hatte 1999 Haus und Ställe gekauft und dachte: ‚Wenn ich auf dem Land lebe, möchte ich nicht nebenan den Bauern mit der Giftspritze haben', und pachtete das mich umgebende Land. Dann hatte ich 18 Rinder bestellt, schaute sie mir an und stellte fest: Die sind gefährlich, haben Hörner. Dann wollte ich lieber was Händelbares und habe mich für Schafe entschieden. // SPIX Wie haben Sie den Umgang mit ihnen gelernt? / MARTIN Den Umgang mit Schafen habe ich von den Schafen gelernt. Sie sind ja auch Lebewesen wie wir, ich habe genau hingesehen und dann im richtigen Moment gehandelt. // SPIX Welche Zukunftspläne haben Sie? / MARTIN Neben Haus und Stall gibt es auf meinem Gelände zwölf Hektar Wald. Pfadfinder campen hier regelmäßig. Das möchte ich für die Jugend weiter ausbauen, für Sommercamps. Außerdem gründe ich gerade eine Land-WG.

„Den Umgang mit Schafen habe ich von den Schafen gelernt."

Unterhaltsamer Mittagstisch in Frankenthal

Salatvariationen für Kitas und Schulen

Ein Lebensgut für ein gutes Leben

12

LebensGut Frankenthal e. V.

Frankenthal
18573 Samtens
0174 9092078
www.lebensgut-frankenthal.de

Die Gäste selbst tragen die Schüsseln mit Kartoffeln, Gemüse und Fleisch hinaus in die Sonne. Sie tragen sie unter die alten Linden, wo Tische eine lange Tafel bilden. Elke Neugebauer, Chefin von Elke-Neugebauer-Catering, bringt die letzte Schüssel hinterher. Es herrscht eine familiäre Atmosphäre am Mittagstisch, der immer werktags um 12.30 Uhr in Frankenthal stattfindet. Dennoch variiert der Kreis der Gäste stark, er ist groß, existiert schon seit Jahren und zog bereits vom Gutshaus in Götemitz nach Bergen und nun nach Frankenthal um. Inselbewohner und Feriengäste mischen sich mittags mit Küchenpersonal und Handwerkern.

Neben dem Catering, das vormittags Kindergärten und Schulen auf Rügen mit Bio-Essen beliefert, hat Elke Neugebauer den LebensGut Frankenthal e.V. gegründet. Nur gemeinschaftlich kann und möchte sie Ställe, Scheunen und Flächen sanieren und mit neuem Leben füllen. Ideen gibt es mindestens so viele wie aktive Vereinsmitglieder, sie sind erfüllt von dem Gedanken, etwas Gemeinsames und dennoch Eigenes auf der Insel zu schaffen.

Sie sind erfüllt von dem Gedanken, etwas Gemeinsames und dennoch Eigenes auf der Insel zu schaffen.

Erste Ergebnisse lassen sich sehen: Eine zusammenhängende Fläche konnte gepachtet werden, das LebensGut wird als Leaderprojekt gefördert, ein Schaugarten ist angelegt. Hier gedeihen Erdbeeren, Kürbisse und Bohnen zwischen orangen Ringelblumen und lila Phaselia. Jährlich im Mai veranstaltet Elke Neugebauer hier das Frühlingsfest, auf dem sich viele Biobetriebe der Region treffen und präsentieren.

Auf dem Grünen Markt ist regional erste Wahl

Räucherfisch und essbare Blüten

13

Museumshof Gingst e.V.
Karl-Marx-Straße 19/20
18569 Gingst
0152 21559867

Der Name „Grüner Markt" legt es nahe, aber weit gefehlt. Nicht nur Grünes finden Besucher auf diesem Samstagsmarkt. Geräucherter und frischer Fisch von Ummanz, Eingemachtes aus dem Gingster Umland, Eier und Tomaten aus Stönkvitz. Naturkosmetik und Bücher. Und handwerklich hergestellte Gebrauchsgegenstände wie gefilzte Hausschuhe, getöpfertes Geschirr sowie handgeflochtene Körbe, alles made at Rügen.

Zwischen den Ständen, in der Mitte des Museumshofs, steht ein schwer behangener Birnenbaum. Landidylle verbreiten auch die Wildblumensträuße auf den Tischen vor dem Museumscafé, wo selbstgebackener Kuchen serviert wird. Der Bio-Catering-Service Elke Neugebauer gegenüber bietet zwei Gerichte mit essbaren Blüten bestreut an, eins mit Fleisch, eins vegetarisch. Es ist nicht das typische Markttreiben, das zum Einkauf, dann aber wieder wegtreibt. Die Kunden stehen zusammen und reden, ein Urlauber schreibt, einen Kaffee neben sich, eine Postkarte. Hier wird das Einkaufen tatsächlich zu einem Erlebnis.

Die Kunden stehen zusammen und reden, ein Urlauber schreibt, einen Kaffee neben sich, eine Postkarte.

In dem kleinen Museum verweisen die Webstühle auf die lange Handwerkertradition von Gingst. 1620 ist das erste Weberamt gegründet worden, nach beinahe 100-jähriger Pause wurde es 1790 durch den örtlichen Pastor Johann Gottlieb Picht (1736–1810) wiederbelebt. Hier fertigten die Gingster eine Damast-Tischdecke für den schwedischen König Gustav III., der Gingst vorher einen Besuch abgestattet hatte.

Jeden Samstag zwischen 10 und 16 Uhr von Ende Mai bis Anfang Oktober findet der Grüne Markt in Gingst statt.

Talente der young academy rostock beim Musikfest

Landow ist die älteste Spielstätte der Festspiele Mecklenburg-Vorpommern

Sanierungsstau im Gotteshaus

14

Dass die Landower Kirche überleben würde, wusste lange Zeit nur Gott. Dabei ist sie, wie Proben des Eichenholzes ergaben, mit ihrem Baujahr 1313 eine der ältesten Kirchen Rügens und vermutlich der älteste Fachwerkkirchenbau ganz Norddeutschlands. Auch wenn das in der DDR noch nicht bekannt war, zollte man dem alten Gemäuer trotz des staatlich verordneten Misstrauens der christlichen Kirche gegenüber zunächst Respekt. 1959 verhinderte ein neues Dach das jähe Ende.

Doch der Sanierungsstau war groß und in den 1960er Jahren begann man zu fragen, ob das Kirchengebäude nun erhalten werden sollte oder nicht. Auch die Landeskirche Greifswald winkte bald ab. Nach weiterem Geld, das sie zur Instandhaltung aufgebracht hatte, sah sie sich 1970 auch nicht mehr in der Lage, Mittel für dieses abseits gelegene Gotteshaus aufzubringen.

Kurzerhand wurde die Kirche in Landow von der Kreisdenkmalliste gestrichen und 1982 war es so weit: Sachverständige stuften das Gebäude als einsturzgefährdet ein. Jetzt sollte es sich selbst überlassen bleiben, verwahrlosen und zerfallen.

Dass die Landower Kirche überleben würde, wusste lange Zeit nur Gott.

Doch engagierte Rügener leiteten noch zu DDR-Zeiten Notsicherungsmaßnahmen ein, ohne die an einen Erhalt nicht zu denken gewesen wäre. Kurz nach der Wende, 1991, schafften sie es, dass die Festspiele Mecklenburg-Vorpommern hier jedes Jahr gastieren. Fördergelder werden seither beantragt und die Kirche, die jetzt Kultur- und Wegekirche ist, wird in kleinen Schritten immer weiter restauriert.

Freundeskreis Kirche zu Landow e. V.
Landow 2
18573 Dreschvitz
038 306 238 80
www.kirchelandow.de

Die reine Augenweide: Sanddorn nördlich von Schaprode

Die Zitrone des Nordens

15

Sanddorn (Hippophae rhamnoides) wächst als ein bis zu fünf Meter hoher Strauch. Die Äste tragen Dornen und die Blätter erinnern an die der Weide, an ihrer Unterseite sind sie silberweiß behaart. Das Ölweidengewächs blüht im Mai, im Spätsommer reifen die leuchtend orangefarbigen Beeren heran. Sie haben saftiges Fruchtfleisch und einen stark sauren Geschmack. Der Name Sanddorn verweist auf den Wuchsort, die Dünengebiete am Meer. Auf Rügen findet man im Küstenbereich oft ganze „Sanddornwälder", besonders im nördlichen Westrügen und auf Wittow. Im alten Griechenland verwendete man die Pflanze als Heilmittel für die Augen von Pferden. Daher kommt auch sein wissenschaftlicher Gattungsname Hippophae, „hippos" heißt Pferd und „paos" bedeutet Licht. Der botanische Artname „rhamnoides" bezieht sich auf die Ähnlichkeit mit dem Kreuzdornstrauch. Andere deutsche Bezeichnungen sind Sandbeere, Dünendorn, Fasanenbeere und Rote Schlehe.

Sanddorn zeichnet sich durch seinen hohen Gehalt an Vitamin C aus, er schwankt zwischen 200 und 900 Milligramm je 100 Gramm. Auch enthalten die Beeren Vitamin A, B-Vitamine und Flavonoide, die zu den sekundären Pflanzenstoffen gehören und für den Organismus notwendig sind. Forschungen haben gezeigt, dass Flavonoide die Krebsentstehung verhindern können. Sie schützen vor Entzündungen, Herzinfarkt und stimulieren das Immunsystem. Sanddornfrüchte werden auch bei Erkältungskrankheiten verwendet. Man kann Saft, Mus und Marmelade aus ihnen bereiten.

Auf Rügen findet man im Küstenbereich oft ganze „Sanddornwälder", besonders im nördlichen Westrügen und auf Wittow.

Focker Strom zwischen Lieschow und Ummanz

Stattliche Haflinger aus der Ummanzer Zucht

Landluft auf Ummanz schnuppern

16

Ummanz ist eine Insel kaum über der Meeresoberfläche, sie ragt gewöhnlich null, an höchster Stelle fünf Meter aus dem Wasser. Sie gehört zum Nationalpark Vorpommersche Boddenlandschaft. Um Landluft zu schnuppern, kann man bereits in Lieschow den beiden Erlebnis- und Erzeugerhöfen Kliewe und Lange sowie der Lieschower Edeldestillerie einen Besuch abstatten. Auf den Höfen von Bauer Kliewe und Bauer Lange gibt es Tiere, Trampoline, Ponyreiten und Tretfahrzeuge für Kinder, ein Hofcafé sowie Landerzeugnisse zu kaufen.

Am Focker Strom haben einige kleine Fischerboote festgemacht, auch die roten Fähnchen der Stellnetze sind oft von der Brücke aus zu sehen. Auf Ummanz gibt es noch einige Traditionsbewusste, die „stille Fischerei" betreiben. Reusen werden über Nacht ausgelegt und Hecht, Zander, Barsch und Plattfische, selten ein Aal, darin gefangen. Diese alte Weise ist besonders umweltschonend und arterhaltend, denn kleinere Fische haben Zeit, sich durch die Maschen zu befreien.

Die Insel Ummanz hält vieles für Individualreisende bereit. Der pompöse Schnitzaltar von 1520 aus Antwerpen in der St.-Marien-Kirche in Waase ist jedenfalls sehenswert. Im Frühjahr und Herbst können vom Aussichtsturm in Tankow die Kraniche beobachtet werden. Für Radtouren eignet sich die flache Insel gut, der Verkehr ist mäßig.

Reusen werden über Nacht ausgelegt und Hecht, Zander, Barsch und Plattfische, selten ein Aal, darin gefangen.

Das Surfhostel in Suhrendorf veranstaltet im Sommer Konzerte, Festivals und Freiluft-Tanznächte. Und hinter dem Deich fängt Rügens größtes Stehrevier für Surfer und Kitesurfer an.

Erlebnisbauernhof Kliewe
www.bauernhof-kliewe.de

Bauer Lange
www.bauerlange.de

1ste Edeldestillerie
www.1ste-Edeldestillerie.de

Surfhostel
www.surfen-auf-ruegen.de

Inselfischer Dietrich
Haide 5
18569 Ummanz
038305 8177
www.boddenfischer.de

Bereichernd: eine geführte Wanderung durch die Stubbenkammer

Wandern zu Wacholder und Wildfrucht

17

Die Natur der Insel Rügen ist abwechslungsreich und vielschichtig. Ob auf Wittow, Jasmund, Muttland, in Westrügen, im Süden oder auf Mönchgut oder der Schmalen Heide, jede Landschaft hat andere Charakteristika. Am besten lässt sich die Natur bei einer Wanderung kennenlernen, stellte die britische Schriftstellerin Mary Annette Beauchamp (1866–1941) alias Elizabeth von Arnim fest.

Naturerlebnisverein Rügen e.V.
038309 20126
www.naturerlebnis-ruegen.de

Die bis zu ihrer Scheidung 1908 mit dem deutschen Grafen Henning August von Schlagenthim-Armin verheiratete Schriftstellerin verbrachte um die Jahrhundertwende drei Jahre jeweils einige Sommermonate lang auf Rügen. 1904 erschien ihre siebte Veröffentlichung, der Reiseroman „Elisabeth auf Rügen". Darin hielt sie fest: „Wandern ist die vollkommenste Art der Fortbewegung, wenn man das wahre Leben entdecken will. Es ist der Weg in die Freiheit. Denn wenn man sich anders als auf seinen eigenen Füßen vorwärts bewegt, so geht das viel zu schnell, und man versäumt tausend kleine zarte Freuden, die am Wegrand warten."

„Wandern ist die vollkommenste Art der Fortbewegung, wenn man das wahre Leben entdecken will."

Bereichernd wirkt zusätzlich eine geführte Wanderung. Kompetent und naturverbunden nimmt der Naturerlebnisverein sehr spezielle Natur- oder Rügener Phänomene unter die Lupe: eine Wacholderwanderung in den Feuersteinfeldern oder eine Kräuter- bzw. eine Wildfruchtwanderung. Gleichzeitig beteiligen sich die Wanderführerinnen und Wanderführer am Arten-Monitoring und führen selbst Maßnahmen im Biotop- und Artenschutz durch.

Sandbank im Vitter Bodden vor Ummanz

Die Insel – ein unvollendetes Projekt

18

www.ruegencenter.de/geschichte/rueg-geologie.cfm

Erdgeschichtlich betrachtet ist Rügen eine sehr junge Insel. Eigentlich fasst der Name Rügen ein Archipel zusammen, das aus den fünf größeren Kerninseln Muttland, Wittow, Jasmund, Schmale Heide und Mönchgut besteht. Zusätzlich gibt es im Bodden und um Rügen herum kleinere Inseln wie Ummanz, Pulitz, den Bug, Zudar oder Prosnitz. Die Verbindung der Halbinseln variiert und besteht aus Sand, Schluff, Gestein oder Kreide.

Durch Strömungen und Stürme verändert sich die Form der Insel bis heute.

Am Ende der Weichsel-Eiszeit vor rund 10.000 Jahren hatte die Ostsee einen erheblich höheren Wasserstand als heute. Nur die oberen Spitzen der Kerninseln, also etwa Wittows Nordküste, die Stubbenkammer auf Jasmund, der Rugard und die Granitz ragten aus dem Wasser. Als der Wasserstand sank, blieben ungeschmolzene Eisblöcke zwischen den Höhenzügen liegen und füllten diese „Becken" über Jahre mit Wasser. Daraus entstanden die heutigen Bodden und Seen. Die Spalten verfüllte der Schmelzwassersand. Er bildete Nehrungen, also Sandhaken, die je nach Wasserstand eine Insel wurden oder als Sandbank unter der Oberfläche liegen blieben. Durch die Meeresströmungen und Stürme verändert sich die Form der Insel bis heute an einigen Stellen in rasantem Tempo. Die vorherrschenden Winde verursachen einen Abtrag im Westen und einen Zuwachs an geschützten Stellen im Norden und Süden. Das Meer schiebt sich seine Insel zurecht. Dazu kommt der Faktor Mensch: Ohne die Ausbaggerarbeiten in der Fahrrinne beispielsweise wäre Hiddensee über die Bessiner Haken längst mit Rügen zusammengewachsen.

Traditionssegelboot beim Auslaufen aus Ralswiek

Picknick, bevor das Spektakel losgeht

Ein Silberschatz im Störtebeker-Hafen

19

www.ruegen.de/ralswiek

Eine der ältesten bekannten Siedlungen Rügens liegt verborgen in einer Bucht im Großen Jasmunder Bodden. Früher gab es noch keine Verbindung zu Jasmund. Erst 1868 wurde der Bahndamm nach Lietzow fertiggestellt. Vorher war es gerade diese versteckte Lage mit Anschluss ans Meer, die Ralswiek attraktiv machte. Sturm konnte dem Hafen nichts anhaben, dennoch muss im Lauf der Geschichte mehrmals etwas sehr Einschneidendes passiert sein. Denn Archäologen hoben in den 1970er Jahren viele Fundstücke, die aufschlussreich waren. Sie belegen, dass Ralswiek früher ein wichtiger Hafen war.
Spektakulär war die Hebung der Reste von vier slawischen Eichenschiffen aus dem 9. Jahrhundert. Doch damit nicht genug. In tieferen Schichten des Boddengrundes bargen sie ihren größten Fund: 1974 hoben Taucher einen Silberschatz, der 2.000 Dirhem enthielt. Dirhem war die arabische Währung in der Zeit zwischen 484 und 847 n. Chr. Offensichtlich wurden im vorindustriellen Zeitalter hier Waren mit arabischen oder anderen Händlern von auswärts getauscht. Damit war bewiesen, dass die Slawen von diesem hintersten Winkel Europas über Jahrhunderte hinweg internationalen Handel betrieben.

Es war gerade diese versteckte Lage mit Anschluss ans Meer, die Ralswiek attraktiv machte.

Auch heute ist Ralswiek beliebt. Schon tagsüber ziehen die Störtebeker-Festspiele viele Menschen an. Die Fischbrötchen vom Räucherschiff „Elbe" sind zu empfehlen, die große Wiese davor eignet sich aber auch für ein mitgebrachtes Picknick. Achtung: Während der Spielzeit von Juni bis September wird Ralswiek täglich um 17 Uhr für den Autoverkehr gesperrt!

Aus der Feder des Hofarchitekten Herrmann Eggert

Ein Denkmal mit grandioser Sicht

20

Bergen, der Ort mit dem hoch klingenden Namen, liegt auf 63 Meter ü. NN. Das entlockt jedem Alpinisten nur ein müdes Lächeln. Für Rügens Topografie reicht es jedoch, um auf einem Turm stehend alle fünf Inselteile, also Muttland, Ummanz, Wittow, Jasmund und Mönchgut, sehen zu können.

Ernst-Moritz-Arndt-Turm
Rugard 10
18528 Bergen
03838 20190
www.rugard.de

Der schmucke Ernst-Moritz-Arndt-Turm steht auf einer Erdaufschüttung auf dem Rugard, dem bewaldeten Hügelzug nordöstlich von Bergen.

Die Idee kam aufgrund einer Planung zur 100-Jahr-Feier seines Namensgebers Ernst Moritz Arndt. 1869 trat das „Komitee zur Errichtung eines Arndt-Denkmals" zusammen und vergab den Auftrag an Herrmann Eggert aus Berlin, der auch der Architekt am Kaiserhof war.

Noch im gleichen Jahr, am 26. Dezember 1869, wurde der Grundstein für den Turm gelegt. Dann kam der Bau aber über acht Jahre nur sehr schleppend voran, denn er war teurer als geplant, immer wieder musste zu Spenden aufgerufen werden. Auch Kaiser Wilhelm I. steuerte 3.000 Mark bei. 1877 konnte der viergeschossige Backsteinbau endlich eingeweiht werden.

Die Idee kam aufgrund einer Planung zur 100-Jahr-Feier seines Namensgebers Ernst Moritz Arndt.

Nach dem Zweiten Weltkrieg diente er der Sowjetarmee für ihre kriegerischen Zwecke, dazu nahm sie bauliche Veränderungen vor. Die geziegelte Kuppel wurde abgetragen, um eine Flakstellung montieren zu können. Als die Armee den Turm Mitte der 1950er Jahre aufgab, setzte man zum Schutz vor der Witterung eine hölzerne Kuppel auf die Spitze. Nach der Wende 1999 wurde sie durch eine Glaskuppel ersetzt.

Nicht nur christliche Motive: Wandmalereien der Marienkirche

Zwischen Kunst und Barbarei

21

St.-Marien-Kirche
Kirchplatz
18528 Bergen

Museum der Stadt Bergen
Klosterhof
Billrothstraße 20 a
18528 Bergen
03838 252226
www.stadt-bergen-auf-ruegen.de/museum

Fast nirgendwo auf der Insel kommt man dem großen Umbruch der Weltsicht und des Glaubens der Rüganer so nahe wie in der Marienkirche und dem benachbarten Museum in Bergen auf Rügen. Erst 1168 schafften es die Dänen, die letzte slawische Enklave im Ostseeraum zu besiegen.

Eine wichtige Rolle in der prompten Bekehrung der Slawen zum Christentum spielte der letzte Ranenfürst, der sich als Erster von den Dänen taufen und den Kirchbau in Bergen auf der Stelle beginnen ließ. Fortan nannte sich der vormalige „Insel-Häuptling" Fürst Jaromar.

Zwölf Jahre später, 1180, stand die Marienkirche. Der reichlich Bekehrte gründete zusätzlich direkt daneben ein Kloster und lebte in den ersten Jahren mit anderen Brüdern darin, bevor es dann als Nonnenkloster fungierte.

Die auffällig bunten, für eine protestantische Kirche ungewöhnlich verspielten Wandmalereien haben wenigstens zwei Ursachen. Die ursprünglich romanischen Muster und Darstellungen aus dem 12. Jahrhundert wurden vermutlich von slawischer „Barbaren-Ästhetik" beeinflusst. Als der Historienmaler und Restaurator August Oetken (1868–1951) mit der Freilegung der inzwischen unter Putz verschwundenen Malereien 1896 beauftragt wurde, fügte er wohl etwas frei die eine oder andere vom Jugendstil beeinflusste Malerei hinzu. So kam bei einer Höllendarstellung am südlichen Chorfenster ein Teufelchen zu zwei sehr unterschiedlichen Beinen. Das rechte stammt aus dem Mittelalter, das schwungvolle linke Bein von dem Jugendstil-Restaurator.

Fortan nannte sich der vormalige „Insel-Häuptling" Fürst Jaromar.

Die exponierte Lage macht den Nazibau heute attraktiv

Der Kraftprotz von Rügen

22

Dokumentations-zentrum Prora e. V.
VR Bergen 730
Objektstraße /Strand-straße (Block 3/ Querriegel)
18609 Prora
038393 13991
www.proradok.de

Es ist das längste Gebäude der Welt. Viereinhalb Kilometer Stahlbeton verunstalten die Landschaft zwischen Meer und der Schmalen Heide in Prora. Es gibt nichts, was den Größenwahn der Nationalsozialisten besser symbolisiert, als diese monotone Gebäudereihe. Das zwischen 1936 und 1939 angefangene Projekt trug den philosophisch-anmutenden Namen „Kraft durch Freude". Hier sollten, wenn es nach dem Willen der Nazis gegangen wäre, 20.000 Deutsche, als Familien eingepfercht in zwölf Quadratmeter umfassende Mini-Räume, gleichzeitig Ferien machen. Als sie den Krieg begonnen hatten, legten sie die Fertigstellung dieses Mammutprojektes ad Acta ... und übertrugen sie damit den nachfolgenden Generationen. In der DDR baute man über Jahre an den Gebäuden und nutzte sie als Militärstützpunkt für die NVA.

Es gibt nichts, was den Größenwahn der Nationalsozialisten besser symbolisiert, als diese monotone Gebäudereihe.

Seit der Wende versuchen sich Investoren, Café-Betreiber sowie Künstler, Aussteller und andere Kulturmenschen daran, den insgesamt fünf Blöcken einen sinnvollen Zweck zuzuordnen. Das Dokumentationszentrum Prora e.V. nutzt einige Räume für Ausstellungen und Vorträge zum Nationalsozialismus. In Block 5, dem einzigen, der noch dem Landkreis gehört, ist auf eine Hälfte eine Jugendherberge mit Zeltplatz vor der Tür gezogen. Seit einigen Jahren lassen Investoren die Blöcke 1 bis 4 nach und nach in Luxus-Ferienwohnungen umbauen. Balkone und Terrassenfenster auf der Ostfassade verändern die Ansicht so sehr, dass kritische Stimmen befürchten, man vergesse darüber die Erbauer und ihre Absichten.

Heike Kaltenbach, Yoga und Physiotherapie, im artepuri® med

Wenn das Gepäck zu schwer ist

23

Upstalsboom Hotel meerSinn
Gesundheitszentrum artepuri® med
Schillerstraße 8
18609 Binz
038393 6630
www.hotel-meersinn-ruegen.de

Erholung und Entspannung, das wünschen sich alle im Urlaub, doch oft gelingt es nicht. Zu groß ist das Gepäck, das der Körper aus dem Alltag mitbringt, um innerhalb von einer, zwei oder drei Wochen regenerieren zu können. Dieses Gepäck besteht bei vielen Menschen aus Bewegungsmangel, Übergewicht, Bluthochdruck, Schlaflosigkeit oder Rückenschmerzen.

Fachliche Hilfe ist da gefragt. Das Gesundheitszentrum artepuri® med hat sich in Zusammenarbeit mit dem Upstalsboom Hotel meerSinn genau auf diese Kombination aus Urlaubsatmosphäre und Gesundheit spezialisiert.

Im Mittelpunkt steht die Entschlackung des Organismus mit einer Entlastung des Darms nach dem Arzt Franz Xaver Mayr (1875–1965). Die ursprünglich als „Milch-Semmeln-Kur" bekannte Therapie wird inzwischen in den Küchen von Kurbetrieben und F.X.Mayr-Hotels nach modernen Aspekten umgesetzt.

Die Erkenntnis, dass eine Therapie ohne Genuss und Spaß am Ende der Kur auch ihr Ende findet, hat einiges verändert. Im Restaurant des Upstalsboom Hotels meerSinn wird „gustogenese" angeboten: wohlschmeckende Nahrung mit Heilwirkung.

Die Erkenntnis, dass eine Therapie ohne Genuss und Spaß am Ende der Kur auch ihr Ende findet, hat einiges verändert.

Zusätzlich gehören zu der Therapie im Gesundheitszentrum beispielsweise Massagen, Lymphdrainagen, Inhalationstherapien und basische Bäder. Dazu können Bewegungskurse der Feldenkrais-Methode, Yoga und Meditation kommen. Sie werden auch als Einzelstunden angeboten. Wer kein Gast im Haus ist, kann an den Seminaren teilnehmen und jede Leistung einzeln buchen.

Für den Bodden gemacht: das Zeesenboot „Godewind"

… am Liegeplatz im Heimathafen

Segeln für das kulturelle Gedächtnis

24

Marina Gager GmbH
Am Hafen
18586 Gager
0170 2822344
www.marina-gager.de
www.flinthoern.de

Traditionsschiffe sind etwas Besonderes. Besonders schön und besonders aufwendig. Deshalb sieht man die alten Boote auf Mönchgut oft nur noch dekorativ im Garten liegen.
Zu den wenigen noch fahrtüchtigen Traditionsschiffen auf Rügen gehören das Zeesenboot „Godewind" und der historische Zweimaster „Flinthörn", beide werden von der Marina Gager GmbH betrieben. Zeesenboote nutzten Fischer seit dem ausgehenden 15. bis ins 20. Jahrhundert hinein, um sich, ein Treibnetz zwischen zwei Langhölzer gespreizt, vom Wind über den Bodden schieben zu lassen. Heute gibt es viel ehrenamtliche Arbeit bei den Schiffen zu tun. Die Rentnerin Christa kümmert sich um die Buchung und die Organisation der Fahrten: „Ich mache das, weil historische Wasserfahrzeuge ein wichtiger Teil des kulturellen Gedächtnisses sind. Und wenn ein Schiff nicht mehr aus dem Hafen fährt – das ist wie bei Menschen –, dann beginnt es krank zu werden und Defekte zu haben." Passagiere können entlang der Having an Bord einfach den Blick genießen. Natürlich gibt es auch immer was zu tun. Das Segel muss gesetzt und wieder eingeholt werden, beispielsweise. Die „Godewind" aus der Dinse-Werft in Stralsund ist aus Eichenholz und muss im Winter aus dem Wasser. Anders die „Flinthörn", ein Traditionssegler von stolzen 25 Meter Länge, auf der Gruppen bei Ausflügen, Hochzeiten, runden Geburtstagen und Ähnlichem mitsegeln können. Dem Kapitän muss zwar zur Hand gegangen werden, doch die Aufgaben sind überschaubar, das Erlebnis garantiert einmalig.

Zu den wenigen Traditionsschiffen auf Rügen gehören das Zeesenboot „Godewind" und der historische Zweimaster „Flinthörn".

Klassisch schön: die Seebrücke Sellin

Verspielte Details: Holzloggia in Sellin

Bauen für die feinen Herrschaften

25

Anfangs waren es nur ein paar Adelige, die die Kosten und Mühen der Reise nicht scheuten. Badehäuser, getrennt nach Frauen und Männern, standen im Uferbereich an den Stränden. In ihnen enthüllten sich einerseits Gräfinnen, andererseits Fürsten und ließen ihre nackten Leiber in das gesundheitsfördernde Wasser hinab.

Das war der Beginn des Badetourismus. Bald, einige Jahre später, kamen so viele Sommerfrischler, dass die Fischer alle Winkel ihrer Katen vermieten konnten.

Der Reiseschriftsteller Luis Passarge (1825–1912) kam mit Freunden in den 1870ern in Sassnitz an: „Vergebens baten wir in verschiedenen leer stehenden Häusern um Aufnahme; auf eine Nacht – hieß es – lohne es nicht; es war schon ein Zeichen außerordentlicher Zuvorkommenheit, wenn man uns mit dem Finger, ohne sich im Übrigen zu rühren, ein anderes Haus als noch leer stehend bezeichnete. Als wir zweien Leuten, die vor ihrer Thüre saßen und Netze knitteten und uns gleichfalls abwiesen, unmuthig erwiderten: ‚Aber wir können die Nacht über doch nicht draußen bleiben!' – erhielten wir die behagliche Antwort: ‚Das schadet nichts!'" (Louis Passarge, Studien und Bilder aus baltischen Landen).

Bald, einige Sommer später, kamen so viele Sommerfrischler, dass die Fischer alle Winkel ihrer Katen vermieten konnten.

So wurde angebaut und neu gebaut. Und um den Ansprüchen der Herrschaften zu genügen, entliehen sich die Baumeister verspielte Stilelemente aus unterschiedlichen Richtungen. Ein Potpourri entstand, das heute die ostdeutsche Bäderküste wie nichts anderes charakterisiert.

Zwischen Alt Reddevitz und Bollwerk

Die Ruderfähre auf der Baaber Bek

Mit Muskelkraft nach Moritzdorf

26

Baaber Bollwerk & Hafen

18586 Baabe
038303 86410

Geduldig stehen zwei Fahrradfahrer und einige Wanderer an einem kleinen Steg am Bollwerk Baabe. Es ist Herbst, von dem Ruderboot oder dem Fährmann keine Spur. Ein Mann ruft, nichts passiert. Eine Frau schlägt auf ein Metallrohr am Steg. Mit einer beruhigenden Geste schiebt sich der Fährmann in das Blickfeld der Wartenden. Es dauert einige Ruderschläge, bis er mit routinierter Gelassenheit die 50 Meter der Bek überquert hat und das kleine Holzboot am Anleger festmacht. Das Bötchen ist die wohl kleinste Fähre der Welt. Es pendelt auf der Baaber Bek, der Verbindung zwischen Having und Selliner See auf Mönchgut zwischen Sellin und Moritzdorf.

Es dauert einige Ruderschläge, bis er mit routinierter Gelassenheit die 50 Meter der Bek überquert hat.

Das Bollwerk Baabe gehört zu den schönsten Naturhäfen Rügens. Die Überfahrt mit der Ruderfähre verkürzt jede Wanderstrecke um acht Kilometer, die sonst um den Selliner See herumgelaufen werden müsste.
Die Fahrgäste checken vorsichtig ein, die Ruderfähre schaukelt. Mit Leichtigkeit nimmt der Fährmann die Fahrräder entgegen und verkantet sie zwischen zwei Sitzreihen, sodass die Hinterräder schräg nach oben stehen.
Fünfzehn Personen werden es jetzt nicht mehr, mehrere Sitzbänke bleiben frei. Der Fährmann legt sich in die Riemen und los geht die Fahrt.
Die Ruderfähre existiert seit 1891. Sie fährt ganzjährig, außerhalb der Saison nach Bedarf. Bisher sind alle Pläne, über die Bek eine Brücke zu bauen, verworfen worden.

Der Skatepark während eines Contests

Im Sonnenlicht reflektiert der Beton wie Schnee

Extrem coole Tricks

27

Rügen rollt! e.V.
Zum Mönchguter Tor 2
18586 Ostseebad Sellin
www.ruegenrollt.de

Was ist das Gegenteil von Computerspielen? Auch hier gibt es englische Ausdrücke wie Half-Pipe, Kickflip, Melon-Grab. Aber im Gegensatz zu Computerspielen klingen diese Ausdrücke beim Skaten nicht nur cool. Wenn sie ausgeführt werden, sehen sie auch extrem cool aus. Lässig steht ein Mädchen in Sellin auf ihrem Brett und macht mal eben einen Trick.

Vielen Eltern bricht der kalte Schweiß aus, wenn sie ihre Sprösslinge mit diesen schnell rollenden Brettern unter den Füßen springen, Pirouetten drehen und durch die Luft fliegen sehen.

Auf Rügen ist das Angebot für Jugendliche und junge Erwachsene durch die Überalterung der Bevölkerung gering, langweilig, oft nicht aktuell. Dabei gibt es gerade in Binz, Göhren und der gesamten Ostküste viele Junge, die in der Gastronomie oder im Hotel arbeiten und nach Feierabend einen Treff mit Gleichaltrigen brauchen. Aus diesem Mangel heraus gründeten junge Erwachsene 2002 einen Skateboarder-Verein – ohne Hilfe, Perspektive oder Mittel.

„Rügen rollt! e.V." nennt sich der Selliner Skateboarder-Verein seit 2014. Infolge des Baus des Aldi-Marktes wies ihm die Gemeinde einen neuen Platz oberhalb des alten zu und setzte Mittel für den Neubau frei.

Aus diesem Mangel heraus gründeten junge Erwachsene 2002 einen Skateboarder-Verein – ohne Hilfe, Perspektive oder Mittel.

Der neue Skateplatz unterhalb des Cliff Hotels ist aus unglaublich glattem, grau-weißem Beton. Dazwischen sind große Natursteine einbetoniert, als lokale Variante. In Fachkreisen gilt die Fläche als eine der besten deutschlandweit.

Lancken-Granitz 1 mit Grababdeckung

Der Weg zu den sieben Megalith-Gräbern

Von Riesen, Zyklopen und Hünen

28

Wie an einer Perlenschnur gereiht, liegen sieben Großsteingräber zwischen Wiesen und Feld. Die größte und am besten erhaltene Großsteingrabanlage Rügens steht südlich von Lancken-Granitz. Das in genauer Ost-West-Richtung ausgerichtete Gräberfeld stammt aus der Zeit um 2300 v. Ch. Von ursprünglich 19 Gräbern sind heute immerhin noch sieben erhalten.
Als der Archäologe Ewald Schuldt und seine Mitarbeiter das beeindruckende Bauwerk „Lancken-Granitz 1" 1965 freilegten, erlebten sie eine Überraschung. Mehr als 4.000 Jahre hatten Bernsteinperlen, Werkzeuge, Bronzenadeln und anderer steinzeitlicher Schmuck hier überdauert. Den Dieben, die in der Geschichte immer wieder Großsteingräber plünderten, war dieses Grab aus unbekanntem Grund verschlossen geblieben. Die Beigaben liegen heute im Magazin des Archäologischen Landesmuseums in Schwerin.
„Lancken-Granitz 1" fasziniert aber auch, weil es zu den seltenen Gräbern gehört, das noch eine Grababdeckung durch zwei mächtige Megalithen hat. Früher bezeichnete man diese Gruften fälschlicherweise als Hünengräber. Doch inzwischen weiß man: Der jungsteinzeitliche Mensch war im Durchschnitt wesentlich kleiner als der Mensch von heute. Von Hünen kann also nicht die Rede sein. Dennoch schafften sie es nicht nur, die tonnenschweren Steine aus der Umgebung herbeizuholen, sondern auch, sie mit reiner Menschenkraft aufeinanderzulegen. Da kann man anfangen zu glauben, dass Rügen doch von Riesen und Zyklopen bevölkert war.

Mehr als 4.000 Jahre hatten Bernsteinperlen, Werkzeuge, Bronzenadeln und anderer steinzeitlicher Schmuck hier überdauert.

Die Verlegerin Janet Lindemann am Strand in Baabe

Titeldetail aus „Kuddelmuddel von der Küste"

Von der Autorin zur Verlegerin

29

Inselkinder Verlag Rügen

www.inselkinder-verlag.de

Die Insel in der strukturschwächsten Region Deutschlands hält so manche Überraschung bereit. Janet Lindemann gehört jedenfalls dazu. Die gebürtige Rüganerin schrieb nach ihrem Volontariat bei der „Ostsee-Zeitung" lange ausschließlich Artikel für Zeitungen und regionale Zeitschriften. Dabei sammelte sie viel Wissen über „ihre" Insel. Auch privat ermöglichten ihr Umzüge in einen anderen Ort auf Rügen, tief in die Geschichte und die gegenwärtige Situation dieses Mikrokosmos einzutauchen. Ihrem Thema Rügen blieb sie immer treu und schrieb, mit anderen zusammen oder alleine, zusätzlich Reiseführer.

In den letzten Jahren hat sich zu ihrem großen Thema noch ein weiteres dazugesellt. Denn sie ist Mutter von vier Kindern geworden und hat tagtäglich mit Dingen rund um die Kleinen zu tun. Andere hätten die Arbeit eine Zeit lang an den Nagel gehängt. Im Gegensatz dazu lag es für die lebhafte Frau nahe, Verlegerin zu werden. Seit 2015 veröffentlicht sie, mit der Hilfe ihres Mannes Ralf Eppinger, nun regionale Kinderbücher. Immer wieder tritt sie, die Bücher in einem alten Reisekoffer verstaut, am Strand oder in Kurhäusern vor Kindern auf. Schwarze Kohlen von der Gleisanlage vom „Rasenden Roland" bringt sie dann beispielsweise mit und erzählt den Kindern die Geschichte von der Rügenschen Kleinbahn.

Immer wieder tritt sie, die Bücher in einem alten Reisekoffer verstaut, am Strand oder in Kurhäusern vor Kindern auf.

Im Herbst 2016 erschien das Ausmalbuch „Kuddelmuddel von der Küste", mit lustvollen Rügener Gedichten rund um Meer und Piraten von dem Autor Maik Brandenburg, der bei Bergen auf Rügen wohnt.

Junger Fischer im Hafen von Gager

Der Mönchguter Rhythmus

30

Kurverwaltung Gager Thiessow und Middelhagen

www.mein-moenchgut.de

„Dort, wo die Ostsee ihren breiten Fuß überall an Land setzt, hier eine Insel abtrennt, Buchten und Bodden bildet, dort eine schmale Landzunge umarmt und sie, je nach Laune, als Halbinsel präsentiert oder mit kräftiger Überschwemmung zu Inselchen zerreißt, hauste noch in den dreißiger Jahren des verflossenen Jahrhunderts ein Völkchen in Tracht, Dialekt, Moral und Gerechtsame verschieden von den Bewohnern des Mutterlandes Rügen, ganz auf sich selbst gestellt. Kein Tourist verirrte sich damals und vielleicht zwanzig Jahre später noch dahin", schrieb Ina Rex in ihrem 1910 erschienenen Roman „Nivellierarbeit der Zeit". Auch heute ist noch zu merken, dass die Uhren auf Mönchgut eigentlich anders gehen.

Eigentlich – aber der Sommer ist kurz, die Saison noch kürzer. Rund 1,37 Millionen Gäste auf Rügen und rund 6,3 Millionen Übernachtungen verzeichnet die Tourismuszentrale jährlich. Tagesausflügler und Gäste, die privat wohnen oder gar bei ihren Rügener Freunden unterkommen, sind in dieser Statistik nicht mitgezählt. Der Großteil aller Gäste kommt in den drei Monaten Juni, Juli und August. Der überwiegende Teil davon übernachtet in den Ostseebädern und auf Mönchgut. Die Betriebe, egal ob Pensionen, Restaurants oder Fahrradläden, laufen dann auf Hochtouren, da bleibt keine Sekunde für den Mönchguter Rhythmus.

Die Betriebe, egal ob Pensionen, Restaurants oder Fahrradläden, laufen dann auf Hochtouren.

Anders im ausklingenden Sommer, während der Herbststürme, im Winter oder Frühjahr. Dann kann man dem Rhythmus wieder lauschen: den Menschen, dem Wind oder dem Meer.

Die anpassungsfähigen Buchen wachsen hier auf Kreide

Die dunkle Macht auf Jasmund

31

Nationalpark-Zentrum Königsstuhl

Stubbenkammer 2 a
18546 Sassnitz
www.koenigsstuhl.com

Im Nationalpark Jasmund ist es immer düster. Durch das Blattwerk im Wald dringt selbst an einem Hochsommermittag kaum Licht. Der Boden wirkt leer, kaum grüne Pflänzchen, nur die Blätter des letzten Herbstes bedecken ihn. Das ist typisch für Buchen, sie halten das Sonnenlicht mit ihrem mächtigen Astschirm ab.

Diese Art monumentaler Wald ist für das europäische Gedächtnis der Urtyp. Viele der Grimm'schen Märchen erzählen von diesem geheimnisvollen Dunkel, in dem es Wölfe, Zwerge und Hexen gibt. Gemeint ist immer der Buchenwald. Denn früher bedeckte diese Baumart den Großteil von Europa. Ihren Feldzug trat sie am Ende der Eiszeit an, sie verbreitete sich vom Süden aus über ganz Europa inklusive Skandinavien. Irgendwann dominierte der Mensch diese durchsetzungsfähige Baumart und nutzte sie als Ressource für seine Bedürfnisse. Deswegen sind nur noch wenige ursprüngliche Buchenwälder in Europa übrig geblieben. Die UNESCO erklärte 2014 die Bestände auf Jasmund gemeinsam mit anderen ausgewählten Buchenwäldern in Europa zum Weltnaturerbe.

Viele der Grimm'schen Märchen erzählen von diesem geheimnisvollen Dunkel, in dem es Wölfe, Zwerge und Hexen gibt.

Auf Jasmund soll das Haus Waldhalle zwischen Sassnitz und Königsstuhl in Zukunft zu eine Informationsstelle eigens für das Weltnaturerbe werden. Sie ergänzt dann als „kleine Waldschwester" die Ausstellung des Nationalpark-Zentrums am Königsstuhl. Dort kann man jetzt schon einen eindrucksvollen Film zu dem Thema sowie das Wurzelwerk der Buchen und das Leben unter dem Waldboden von Jasmund entdecken.

Totholz signalisiert die Steilküstenabbrüche

Viktoriasicht nur für Schwindelfreie

32

Picknick auf den Kreidefelsen

„Das Jahr 1890 brachte für Sassnitz ein großes Ereignis. Anfangs glaubte man nicht recht, dass die Kaiserin mit den Prinzen komme. (…) Einige Herren vom Hofstaat kamen und besichtigten Villa Martha, Käthe und Jenny und mieteten alle drei Häuser. Die Besitzer der betreffenden Häuser mussten in andere ziehen, sodass der kaiserlichen Familie alle drei Häuser zu alleiniger Benutzung zur Verfügung standen. An der Einrichtung wurde nichts geändert. Nur eiserne Bettstellen, welche aus England geschickt wurden, die Betten, der Toilettentisch der Kaiserin und Kleinigkeiten wurden vorausgesandt" (Max Koch, 1934).

Die Ehefrau von Kaiser Wilhelm II. verbrachte im Sommer 1890 dann tatsächlich fünf Wochen in dem aufstrebenden Badeörtchen Sassnitz. Und sie kam nicht allein: Drei Söhne ihrer insgesamt sieben Kinder begleiteten sie neben dem Personal. Ein absolutes Muss in Sassnitz waren sogenannte Korso-Fahrten zum Königsstuhl. Die offenen Fischerboote wurden dazu aufwendig mit Blumen und Fähnchen geschmückt, dann ruderten die Fischer ihre Sommergäste zur Kreideküste. Dort nahmen die Herrschaften mit Aussicht auf den Königsstuhl ein herzhaftes, umfangreiches zweites Frühstück mit Aal in Aspik, Wildfleisch und Branntwein zu sich.

Die offenen Fischerboote wurden aufwendig mit Blumen und Fähnchen geschmückt.

Bei einem solchen Picknick befand sich Kaiserin Viktoria schätzungsweise etwa 500 Meter vor dem Königsstuhl auf einem kleinen Kreidefelsvorsprung. Heute nennt er sich wohl deshalb Viktoriasicht.

Ein Ausflug in den Ort zwischen den Bodden lohnt sich

Unterschätztes Urlaubsjuwel

33

Fährt man auf der B 96 über den Damm nach Lietzow hinein, sieht man auf der Anhöhe ein weißes Schlösschen in prägnanter Form. Schon mal gesehen? Diese Kopie des Schlosses Lichtenstein bei Reutlingen ließ sich der Eisenbahningenieur Bopp, der für den Bau der Bahnlinie Bergen–Sassnitz verantwortlich war, 1893 bauen. Es ist auch heute privat bewohnt.
Von einer weiteren geschichtlichen Kuriosität in Lietzow fehlt in dem Ort selbst jede Spur, aber im Kulturhistorischen Museum in Stralsund kann man einige von ihnen ansehen: Rund 20.000 Pfeilspitzen, Axtschneiden, Messerklingen und weitere steinzeitliche Werkzeugspitzen, aus Feuerstein gehauen, fanden Archäologen in der Nähe des Ortes. Wegen ihrer großen Zahl – wahrscheinlich wurde mit ihnen gehandelt – prägten sie einen tausend Jahre währenden Abschnitt, die „Lietzow-Kultur", die ungefähr den Zeitraum von 4000 bis 3000 v. Chr. benennt.
Hinter dem Strand von Lietzow befindet sich der 1920 angelegte Waldpark Semper mit seinen Krüppelbuchen. Er ist ein Paradies für Naturliebhaber. Der 38 Hektar große Park liegt in der Semper Heide. Von hier aus können Wanderer mit fantastischer Sicht auf den Jasmunder Bodden den Küstenpfad entlanglaufen.
Die angrenzende Rhododendron-Allee empfiehlt einen Besuch zur Blütezeit im Mai oder Juni, am Kaskadenteich lässt es sich gemütlich ausruhen.
Und am Strand von Lietzow bleibt das Wasser lange flach, hier ist es im Sommer ideal für Kinder und Wassersportfans.

Der Waldpark Semper ist ein Paradies für Naturliebhaber.

Wassersport Timpeltu
Strandpromenade
18528 Lietzow
0173 1513970
www.timpeltu.com

Britta Sorge entkernt Pflaumen vor der Kühlkammer

Frank Sorge bereitet Brot in der Backstube vor

Folge der Stiefelspur

34

Rügener Spezialitätenmanufaktur
Baldereck 9
18551 Glowe
038302 53448
www.ruegener-spezialitäten-manufaktur.de

Britta und Frank Sorge lieben das Landleben. Auf ihrem hofeigenen Betrieb zwischen Bobbin und Glowe erzeugen sie auf jedem Quadratmeter eine andere Köstlichkeit. Angefangen von dem alten Obstbaumbestand zu einem riesigen Gemüsegarten, bis zu den Enten und Gänsen am Bach, der über das Grundstück plätschert. Das Zentrum der Rügener Spezialitätenmanufaktur ist aber der Steinbackofen, in dem Frank Sorge täglich das Feuer entfacht. Vom köstlichen Roggenbrot über Obstkuchen, Zimtschnecken und vielerlei Kleingebäck fertigt er alles in der Backstube, anschließend wandert es in den Backofen, den er besser kennt als seine Westentasche. Auch bereitet er Wildlachs und köstliche Fleischgerichte in diesem Ofen.

Die Sanddornprodukte der Familie Sorge stammen garantiert zu 100 Prozent von Rügen.

Unübertrefflich sind die handgemachten Thymiannudeln und die Wildbeeren-Aufstriche. Die Sanddornprodukte der Familie Sorge stammen garantiert zu 100 Prozent von Rügen.
Dass alle Erzeugnisse vom Hof Sorge Bioqualität haben, war für das Ehepaar seit der Eröffnung der Manufaktur 2005 klar.
Und obwohl es von der Durchgangsstraße aus einer Spur von gelben Gummistiefeln bedarf, um den Hof zu finden, haben sich die Produkte der Rügener Spezialitätenmanufaktur durchgesetzt. Sogar anerkannte Gourmets lassen sich inzwischen nicht mehr von den 200 Metern holpriger Zufahrt abschrecken. „Man weiß ja, dass am Ende was Gutes kommt," lacht Frank Sorge. Drei Mal stand ihr Hof inzwischen schon als Empfehlung im Feinschmecker-Magazin.

Kunst und Natur im Zusammenspiel

Im Molenfußgebäude im Sassnitzer Hafen

Kunsthandwerk und Meer

35

Wenn Reisesouvenirs nicht gerade vor Ort in der Natur gefunden werden, dann ist an ihnen in den allermeisten Fällen ein Haken. Schlechte Qualität? Ein Massenerzeugnis? Hergestellt in Fernost? Diese Reihe ließe sich fortsetzen.

Auf Rügen haben Reisende solche Probleme nicht. Zumindest vom 29. April bis 31. Oktober zwischen 11 und 18 Uhr finden sie im Sassnitzer Hafen das genaue Gegenteil der typischen Mitbringsel. Rund 15 Original-Rügener Künstlerinnen, Künstler, Kunsthandwerkerinnen und Kunsthandwerker stellen dann im Molenfußgebäude im Sassnitzer Hafen ihre Erzeugnisse aus.

Das Angebot ist vielfältig: von der Silberschmiedin über den Bernsteinjäger, die Weberin, den Fotografen, die Töpferin, die Filz- und die Lichtdesignerin. Die Rügener leben oder wirken auf der Insel und schaffen mit dieser Ausstellung die Quadratur des Kreises. Denn sie nutzen nicht nur gemeinschaftlich einen einzigen Verkaufsraum, der rundum verglast einen atemberaubenden Blick auf die Ostsee gewährt. Sondern sie betreuen abwechselnd die Ausstellung und das bedeutet, dass beispielsweise eine Töpferin die Erzeugnisse ihrer Mitbewerberin verkaufen muss. Das gelingt schon seit einigen Sommern. Jährlich kommen neue Künstlerinnen und Künstler hinzu. Darüber hinaus werben die Aussteller gemeinsam mit noch weiteren Rügener Kunstschaffenden, insgesamt 36 gute Adressen, in dem Leporello „Kunsthandwerk der Insel Rügen".

Die Rügener leben oder wirken auf der Insel und schaffen mit dieser Ausstellung die Quadratur des Kreises.

Kunsthandwerk - Verkaufsausstellung
Im Molenfußgebäude
Strandpromenade 12
18546 Sassnitz
0151 25807448
(während der Öffnungszeiten)

Anlegesteg in Weddeort am Bodden

Brücke zwischen Mittelsee und Spykerschem See

Zu Fuß zum längsten Strand Rügens

36

Das Örtchen Polchow am Großen Jasmunder Bodden eignet sich hervorragend, um zu Fuß ans Meer zu laufen. An Sommertagen bildet sich vor Glowe häufig eine Autoschlange. Man kann sie, wortwörtlich, umgehen.

Hinter Peters Fisch in Polchow liegt ein Parkplatz, hier startet die fünf Kilometer lange Tour. Zunächst auf der Hauptstraße Richtung Bodden. Kurz vor der Linkskurve zweigt eine unbefestigte Straße rechts in ein Kleingartengebiet ab. Dort immer dem Weg folgen, der Bodden liegt links. Der Weg schlängelt sich über Salzwiesen, von denen die Grasnelken (Armeria maritima) ihre lilafarbenen, struppigen Blütenköpfe strecken. Hinter der Wiese gibt es eine beschilderte Gabelung. Hier kann man einen Abstecher zu dem roten Schloss Spyker machen. Es wurde um 1300 zunächst als Speicher gebaut. Während der schwedischen Besatzung schenkte es Königin Christina (1626–1689) dem Feldmarschall Carl Gustav Wrangel (1613–1676) als Dankeschön für seinen Kampf für Schweden. Wrangel ließ es nach damaliger Mode gestalten. Vieles ist erhalten, wie die barocke Stuckdecke im Baltischen Raum.

Zurück zur Weggabelung geht es Richtung Weddeort/Glowe über einen frequentierten Fuß-/Fahrradweg. Von der Brücke zwischen Spykerschem und Mittelsee hat man einen tollen Blick auf Gewässer und Wildvögel. Am Ende des Wegs geht es links auf die Straße über Weddeort nach Glowe hinein. Dort die Hauptstraße überqueren und weiter geradeaus zur Promenade. Hier beginnen neun Kilometer Sandstrand bis Juliusruh.

Hotel Schloss Spyker
Schlossallee 1
18551 Spyker
038302 770
www.schloss-spyker.de

An Sommertagen bildet sich vor Glowe häufig eine Autoschlange. Man kann sie, wortwörtlich, umgehen.

Diana Klemm in der Segelmacherwerkstatt

Für die Abbildungen verwendet sie eigene Fotos

Unikate für unterwegs

37

Jackaroe

Diana Klemm
0173 7815593
www.jackaroe.de

Die Idee war so naheliegend, dass Diana Klemm nicht lange überlegte. Denn für sie kam es nach der Ausbildung nicht infrage, als Grafik-Designerin zu arbeiten. „In der Werbebranche, das ist nichts für mich", sagt sie. Ihr größter Wunsch war sowieso zu bleiben, wo sie geboren wurde und wo sie zur Schule gegangen war – auf Jasmund.

Ihr Freund Hagen Sell ist Segelmacher auf Rügen. Oft reisen sie zusammen zu Hagens Kollegen nach Ostholstein. Dort kam ihr dann die Idee. „Upcycling heißt das Zauberwort", sagt sie kurz und bündig und näht los.

Sie fertigt aus alten, nicht mehr zu gebrauchenden Segeln und anderen festen Stoffen Taschen und Accessoires. Heraus kommen robuste Beutel zur Aufbewahrung, vom kleinen Umhängetäschchen bis zur Segeltuch-Reisetasche. Einzig die bunten Gurte sind neu. Auch da achtet Diana Klemm strikt auf eine regionale Fertigungsstelle: „Sie kommen aus einem kleinen Berliner Betrieb."

„Upcycling heißt das Zauberwort", sagt sie kurz und bündig und näht los.

Teilweise verziert die Grafik-Designerin die Außenseiten mit Linolschnitten, die sie auf Grundlage von eigenen Landschaftsfotos anfertigt. Die wunderbaren Unikate näht sie in der Werkstatt ihres Freundes und vermarktet sie zunehmend erfolgreich über den Kunsthandwerkermarkt im Molenfußgebäude oder über andere Geschäfte auf Jasmund. Stoffe für neue Taschen sind also immer Thema bei ihr: „Wenn wir auf dem Wasser sind, zähle ich die Taschen, die man aus den Segeln der Surfboards oder Boote machen könnte", sagt sie schmunzelnd.

Filmverrücktes Vereinsmitglied: Marion Prager-Wiehn

Die zähen Cineasten von Sassnitz

38

Lichtspiele Sassnitz e.V.
im Grundtvighaus
Seestraße 3
18546 Sassnitz
www.kino-lichtspiele-sassnitz.de

Norddeutsche sind allgemein als konservativ bekannt, für Rügener gilt das wohl noch einmal mehr. Der Kinoverein bekam das schwer zu spüren.

Anfangs, im Jahr 2000, waren es ausschließlich Vereinsmitglieder, die sich regelmäßig am Freitag um 20 Uhr gegenseitig einen schönen Kinofilm zeigten. Mehr Leute kamen einfach nicht ins Sassnitzer Grundtvighaus.

Doch mit ihrer Sturheit, die ja auch sprichwörtlich für die Küstenbewohner ist, hatten die Cineasten nach einigen harten Jahren Erfolg. Ehrenamtlich werden Filme von ihnen ausgewählt, bestellt, ein Newsletter geschrieben und verschickt. Dann kommt erst die Kernarbeit: Am Freitagabend muss es neben dem Vorführer oder der Vorführerin noch jemanden an der Kasse geben. Inzwischen kommen auch ohne Absprache immer genug Vereinsmitglieder zum Kino.

Inzwischen, nach geschätzten 780 Vorstellungen je freitags, ist der Kinoabend für viele Rügener nicht mehr wegzudenken.

Eine leichte französische Komödie; ein opulentes Seniorendrama aus Italien; ein polnischer Junge mit einer Nervenkrankheit, von dem der Arzt behauptet, er sei so etwas wie Gemüse. Die Filme aus aller Welt Länder erfüllen die Kriterien, anspruchsvoll und dennoch unterhaltsam zu sein.

Inzwischen, nach geschätzten 780 Vorstellungen je freitags, ist der Kinoabend für viele Rügener nicht mehr wegzudenken. Mehr noch: Der Lichtspiele-Verein wiederholt viele der Filme, die am Freitag in Sassnitz gezeigt werden, am Sonntag um 20 Uhr im Clubraum des Selliner Cliff-Hotels in echter DDR-Protz-Kultatmosphäre.

Kreideskulptur von der Natur geformt

Das unbändige Meer hatte Symbolkraft in der Romantik

Ein Hauch von Romantik

39

Gemäldesammlung von Romantikern im Pommerschen Landesmuseum

Rakower Straße 9
17489 Greifswald
03834 83120
www.pommersches-landesmuseum.de

Schneeweiß erhebt sich das Wahrzeichen Rügens 118 Meter in den Himmel – der Königsstuhl in der Stubbenkammer. Bis heute kommen eine Millionen Besucher pro Jahr in den Nationalpark, um Kreide, Wald und Meer zu erleben. Vorreiter dieser Reisenden an die Kreideküste waren die Romantiker mit ihren sehnsuchtsauslösenden Werken im 19. Jahrhundert. Nach der Aufklärungsepoche steuerten sie mit einer neuen Auslotung von Mensch und Natur gegen den Rationalismus ihrer Vätergeneration. Gigantische Schluchten, riesige Bäume und plastische Felsen kennzeichnen die Bilder in der Romantik. Vereinzelte Menschen im Miniaturformat wirken einsam und gleichzeitig gut aufgehoben in der übermächtigen Mutter Natur.

Welches Motiv hätte zu diesem Lebensgefühl besser gepasst als der schroff aus dem Meer steigende Königsstuhl? „Schließe dein leibliches Auge, damit du mit dem geistigen Auge zuerst siehst dein Bild. Dann fördere zutage, was du im Dunkeln gesehen, dass es zurückwirke auf andere von außen nach innen", soll der berühmteste Vertreter, der Greifswalder Maler Caspar David Friedrich (1774–1840), über seine Bildkompositionen gesagt haben. Auch weniger bekannte Romantiker, wie der Historiker Johann Jacob Grümbke (1771–1849), der mit einer fiktiven Reisebeschreibung „Streifzüge durch das Rügenland" seine Heimatinsel genau wie auf einem Standbild festhielt, oder der Pfarrer und Schriftsteller Gotthard Ludwig Kosegarten (1758–1818), haben mit ihren Werken die Saat des heutigen Tourismus der Insel gelegt.

Vereinzelte Menschen im Miniaturformat wirken einsam und gleichzeitig gut aufgehoben in der übermächtigen Mutter Natur.

Rund um das Kap

40

Wer kann sich dem Charme des kleinen, in die Bucht gedrückten Fischerdörfchens entziehen? Niemand. Muss auch nicht sein. Die Angaben, dass es noch einen oder dass es gar keinen echten Fischer mehr in Vitt gibt, variieren. Doch solange noch kein Hotel für den Massentourismus gebaut und keine Dönerbude eröffnet wird, funktioniert Vitt auch als reines „Museumsdorf". Denn in den Gassen liegt noch der schwere Dunst der Räuchereien. Und im Sand scheint es noch Spuren von den Booten zu geben und von den Stiefeln der Fischer, die die „Nussschalen" seit Generationen mithilfe von Seilen an Land gezogen, ihre Beute geborgen, ihre Netze geflickt haben. Alles ist noch spürbar.

Von Vitt aus führt ein Küstenweg in beide Richtungen. Nach Süden kommt man zum Großsteingrab Nobbin. Läuft man nordwärts, trifft man zunächst auf das Flächendenkmal Kap Arkona mit seinen drei Türmen.

Den nördlichsten Punkt Rügens markiert fast exakt der Siebenschneiderstein in Gellort. Auf dem 2,2 Kilometer langen Weg zwischen Gellort und dem Parkplatz schützen Windhecken vor der oft heftigen Brise von der See. Sie öffnen sich zu einem kleinen Plateau mit Bank, der Fallada-Sicht. Der Autor Hans Fallada (1893–1947) verbrachte einige Zeit bei seinen Freunden auf Gut Gudderitz in der Nähe von Altenkirchen. Es ist vorstellbar, dass ihn ein inspirierender Spaziergang hier an die Steilküste geführt hat. Sein zweiter Roman „Anton und Gerda" und die Kindererzählung „Lüttenweihnachten" spielen auf Rügen.

Von Vitt aus führt ein Küstenweg in beide Richtungen.

Der Svantevitstein in der Sakristei in Altenkirchen

Ein Slawengott im Christenhaus

41

Ev. Kirchengemeinden Altenkirchen und Wiek
An der Kirche 1
18556 Altenkirchen
038391 366
www.kirche-altenkirchen-ruegen.de

Nur auf Rügen hatten sich die Ranen über lange Zeit erfolgreich gegen die Christianisierung zur Wehr gesetzt. Sie gehörten zu den slawischen Stämmen, die im 7. Jahrhundert aus dem Osten das gesamte Gebiet zwischen Oder und Elbe besiedelt hatten. Erst 1168 schafften es die Dänen, die Ranen zu besiegen. Diesen Sieg deutete das Kriegervolk so, dass der Christengott über ihre Naturgötter erhaben war, und deshalb ließen sie sich innerhalb von Stunden von dem neuen Glauben überzeugen.
Der dänische Mönch Saxo Grammaticus beschrieb die Eroberung des Sonnentempels am Kap Arkona so haarklein, dass man bis heute „live" dabei sein kann. Das hölzerne Abbild des vielgesichtigen Gottes Svantevit zerhackten und verbrannten die Ranen noch vor Ort. Alsbald begannen Dänen und Handwerker in Altenkirchen mit dem Kirchbau, heute eins der wenigen romanischen und das zweitälteste Gotteshaus von Rügen.
Die kunstvollen Friese am romanischen Chor der Dorfkirche zeigen, dass sich die Erbauer von den Dänen den Umgang mit Backstein zeigen ließen. Rund 30 Jahre vergingen, bis die Kirche fertig war. Wie an vielen anderen Orten auch steht sie als Überbauung auf einer slawischen Kultstätte. Wahrscheinlich handelte es sich um einen slawischen Begräbnishügel.

Das hölzerne Abbild des vielgesichtigen Gottes Svantevit zerhackten und verbrannten die Ranen noch vor Ort.

In der Sakristei der Kirche befindet sich am oberen Rand des Feldsteinsockels ein Stein mit einer slawischen Figur mit übergroßem Trinkhorn eingeritzt, der Priesterstein oder Svantevitstein. Die Seitenlage des Steins symbolisierte wohl die Überlegenheit des Christentums.

Blick auf Kap Arkona vom Strand in Juliusruh

Als Wittow eine Insel war

42

www.ruegen-hiddensee.de/Halbinsel-Wittow

Der längste Strand Rügens liegt an der Schaabe, einer Nehrung (Sandhaken), die zwischen Glowe und Juliusruh die Halbinseln Jasmund und Wittow verbindet. Eine Straße in der Mitte, feinster Strand und Kiefern, die vom Meer zum Bodden reichen – mehr gibt es auf der neun Kilometer messenden Schaabe nicht. Erdgeschichtlich ist sie sehr jung, sie entstand aus Sandablagerungen innerhalb von 4.500 Jahren in der Nacheiszeit. Zunächst waren es nur Sandhügel und Sandbänke, die noch lange Zeit einen Wasseraustausch zwischen Großem Jasmunder Bodden und dem Meer gewährten. Wollte man nach Wittow, musste man mit der Fähre übersetzen. Dadurch war nicht nur Wittow eine eigenständige Insel, auch verbarg sich im Inneren von Jasmund ein klassisches „Piratennest". Denn einer der vermuteten Geburtsorte des legendären Seeräubers Klaus Störtebeker (1360–1401) ist das kleine Dorf Ruschvitz. Wahrscheinlich lag es damals am Ufer des Spykerschen Sees. Dieser hatte über den Bodden eine direkte Verbindung zum Meer.

Der Altenkirchener Pastor und Schriftsteller Gotthard Ludwig Kosegarten (1758–1818) beschreibt die Schaabe in seinen imaginären „Briefen eines Schiffbrüchigen" noch als karg und leer. Erst 1866 bepflanzte man die Nehrung mit Kiefern, damit der Wind den Sand nicht wieder abtragen konnte. Die letzte Öffnung zwischen Bodden und Meer soll ein sich nicht schließen wollender reißender Strom kurz hinter dem Ortsschild Glowe gewesen sein. Er wurde während des Straßenbaus 1892 geschlossen.

Der vermutete Geburtsort des legendären Seeräubers Klaus Störtebeker, Ruschvitz, lag wahrscheinlich am Ufer des Spykerschen Sees.

Ostseeküste pur: Sandlandschaft in der Kreptitzer Heide

Hohe Dünen im Norden

Außerhalb des Sommers ist die Kreptitzer Heide oberhalb von Dranske ein Paradies für Fossiliensucher. Bernsteinjäger lieben es, zwischen dem angeschwemmten Seegras nach dem leichten, fossilen Harz zu fahnden. Bei Unsicherheit, ob es sich bei dem Fund um echten Bernstein handelt, kann man ihn in Süßwasser schwimmen lassen. Hat er ein „Seepferdchen"? Also – kann er schwimmen? Dann ist er echt. Sinkt er wie ein Stein zu Boden, ist er bestenfalls geschliffenes Glas.

Doch auch schwere Fossilien wie Donnerkeile, versteinerte Seeigel und, mit Glück, kreisrunde Klappersteine können auf Spaziergängen am Strand der Kreptitzer Heide gefunden werden. Die weißen Feuersteine haben oft merkwürdige Formen, die die Fantasie anregen. Haben sie ein durchgängiges Loch in der Mitte, sind sie sogenannte Hühnergötter. Dem slawischen Glauben nach bewahrten sie, an einer Schnur am Stall aufgehängt, das Hausgeflügel vor bösen Einflüssen. Mehr noch: Den Hühnern ins Nest gelegt, sollten sie früher das Federvieh zu besseren Legeergebnissen anregen.

Die Dünen- und Magerrasenlandschaft in der Kreptitzer Heide ist zu jeder Jahreszeit etwas Besonderes.

Die Dünen- und Magerrasenlandschaft in der Kreptitzer Heide ist zu jeder Jahreszeit etwas Besonderes. Der Strand an diesem wilden Teil der Ostsee bietet nicht nur „Schatzjägern" Fossilien. Bei Wind zu beinahe jeder Jahreszeit ist er ein Spotlight für Surfer und Kite-Boarder. Spazier- und Müßiggänger können sich in den Einbuchtungen der hohen Dünen vor Wind schützen. Und an milden Tagen ist er der wahrscheinlich schönste Strand Rügens.

44 Unterschätzter Süden

Hofladen in Gustow vom Insel e.V.
www.kransdorf.de

Milchladen in Poseritz
www.ruegener-insel frische.de

Obstparadies Altkamp
www.obstparadies altkamp.de

Rügens Süden ist natürlich touristisch nicht unentdeckt, aber er wird von vielen Urlaubern unterschätzt. **Wege über Felder und Wiesen mit Wildblumen, am Ufer entlang oder durch den Schilfgürtel verbergen sich links und rechts der Alten Bäderstraße (L29) zwischen Rügendamm und Putbus.** Ländlich und gemütlich geht es dabei zu, wie beispielsweise auf dem landwirtschaftlichen Biobetrieb in Kransdorf mit Hofladen in Gustow, dem Milchladen in Poseritz oder dem Obstparadies in Altkamp. Obwohl abseits der Touristenmassen, verfügt Südrügen doch über ein gut ausgebautes Wander- und Radwegnetz.

Junge Gänse auf dem Biohof in Kransdorf

Wie ein Fürst auf Rügen

45

Stadt Putbus
www.putbus.de

Die weiße Stadt im Inselsüden ist ein einzigartiges klassizistisches Gebäude-Ensemble, das unter Fürst Wilhelm Malte I. um 1810 gebaut worden ist. **Künstlich angelegt, ahmt der Ort den Charakter einer europäischen Großstadt nach.** Es gibt einen Obelisken auf einem kreisrunden Platz (Circus), ein Theater und ein Pädagogikum. Der ehemalige Ballsaal der fürstlichen Sommergesellschaft wurde noch zu Lebzeiten Maltes zu einer Kirche im Stil eines Kampanile umgebaut. Das fehlende Schloss zu den beiden erhaltenen Nebengebäuden Orangerie und Marstall wurde 1954 abgerissen. Im Landschaftspark markiert eine Pergola am Schwanenteich seinen Standort.

Repräsentative Häuserzeile rund um den Circus

46 Mit Dampfdruck durch den Südosten

Rasender Roland

www. ruegensche-baederbahn.de

Das Stampfen, Zischen und Pfeifen des Rasenden Rolands ist in den Sommermonaten entlang seiner Strecke ständig präsent: von Lauterbach über Putbus durch die Granitz bis nach Göhren. **Die Rügensche Bäderbahn transportiert heute mit Dampfdruck Urlauber und Fahrräder über die Insel.** Ursprünglich wurden die Schienen für den Transport landwirtschaftlicher Erzeugnisse gelegt, der Bau von Altefähr nach Göhren dauerte von 1894 bis 1899. Zwischen Altefähr und Putbus existieren keine Schienen mehr, wohl aber ein 42 Kilometer langer Fahrradweg, der teilweise auf der Kleinbahntrasse durch reizvolle Landschaft führt.

Im Winter fährt die Schmalspurbahn im Zweistundentakt

Die ungestörten Riesen

47

Die Baumriesen auf der Insel Vilm sind vom Zeitgeschehen beneidenswert unberührt geblieben. **1527 fand hier der letzte reguläre Holzeinschlag statt.** Uralte Buchen, Eichen und andere Baumarten, Totholz, Farne und Wildblumen bedecken heute das kleine Eiland vor Lauterbach. Seit 1936 steht es unter Naturschutz, dennoch ließ sich in der DDR die Parteispitze hier Ferienbungalows errichten, die heute zum Teil vom Nationalparkamt genutzt werden. Täglich dürfen maximal 60 Personen im Rahmen einer Führung Vilm betreten, eine Anmeldung ist obligatorisch.

Vilm-Exkursion
Fahrgastreederei
Lenz
18581 Lauterbach
Hafen
038301 61896
www.vilmexkursion.de

Seit dem 16. Jahrhundert wächst hier Urwald

48 Das Souvenir der Fürstin Luise

Eigenbedarf nach Anmeldung:

Stadtverwaltung Putbus

038301 6430

Der geborene Rügener Fürst Wilhelm Malte I. und Gattin Luise bereisten leidenschaftlich gern andere deutsche Fürstentümer, doch weilten sie auch in England, Schottland, Holland, Italien und Frankreich. Von einer ihrer Reisen aus Südeuropa brachte Luise einige Pflänzchen des Lauches Allium ursinum mit, der im Schlossgarten gepflanzt, schnell seinen Feldzug durch Putbus aufnahm. **Heute bedeckt der Bärlauch fußballfeldgroße Teile des Putbusser Landschaftsparks.** Bevor er im Mai blüht, sind die scharf schmeckenden Blätter im Salat oder als Pesto eine Köstlichkeit.

Dieser Lauch weckt Bärenkräfte im Frühjahr

aller, allé, passé

49

Über 250 Kilometer verwandeln Alleen aus Ahorn, Linde oder Hainbuche die Straßen auf Rügen in grüne Tunnel. **Besonders beeindrucken beispielsweise die mächtigen Eichen auf der Deutschen Alleenstraße bei Groß Stresow oder die Krimlinden zwischen Garz und Putbus.** Doch der massive Autoverkehr gefährdet durch CO_2-Ausstoß, die Asphaltdecke im Wurzelbereich, Astbeschneidung und das im Winter verwendete Tausalz den Bestand. Zusätzlich zu diesem Schwund fallen Stücke der Alleen immer wieder den Straßenverbreiterungen zum Opfer. Naturschutzverbände machen auf die bevorstehende Abholzung mit weißen Kreuzen oder Herzen aufmerksam.

www.alleenstrasse.com

Baumbestandene Straße zwischen Puddemin und Groß Schoritz

50

Kunst in der Orangerie

Kulturstiftung Rügen
Orangerie
Alleestraße 35
18581 Putbus
038301 889797
www.kulturstif tung-ruegen.de

Die Kulturstiftung Rügen ist die Galerie des Landkreises Vorpommern Rügen. Zudem vergibt sie jährlich einen Kultur- und einen Förderpreis. Sitz der Kulturstiftung ist die Putbusser Orangerie. **Hier sind um die 1.500 Exponate von Künstlerinnen und Künstlern ausgestellt, die einen persönlichen oder inhaltlichen Bezug zu der Insel Rügen haben.** Im Wesentlichen zeigt die Ausstellung Druckgrafiken, Handzeichnungen und Gemälde sowie Plastiken und Fotos, die von der klassischen Moderne und dem deutschen Expressionismus beeinflusst sind.

Moderne Kunst in klassizistischer Hülle

In der Tradition des Warmbades

51

Man würde es heute einen guten Marketingeffekt nennen, dass Fürst Malte den imposanten Renaissancebau 1818 am Geburtstag des Kaisers Friedrich Wilhelm einweihen ließ. **Der Adel aus Berlin und Stettin hatte den See-Urlaub für sich entdeckt, doch die Strände blieben einstweilen den Fischern, Vögeln und Muscheln vorbehalten.** Man badete in Wannen, die mit kaltem oder warmem Seewasser gefüllt wurden. So auch in dem monumentalen Badehaus Goor. Der Rügener Hotelier Raulff eröffnete das Haus 2007 wieder. In der Tradition des Badehauses steht der Sauna- und Wellnessbereich, den auch externe Gäste nutzen können.

Badehaus Goor
Fürst-Malte-Allee 1
18581 Lauterbach
038301 88260
www.hotel-badehaus-goor.de

Dorische Säulen verleihen dem Bau ein antikes Flair

52

Leben auf dem Reißbrett

Veranstaltungs-kalender Putbus
www.ruegen.de/putbus

Gegenüber gewachsenen Orten wirken Anlagen vom Reißbrett oft tot. Auch umgesetzt bleiben sie starr wie ein Architekturmodell. In den Jahren nach der Wende galt das für Putbus, auch wenn der Ort schon um 1810 am grünen Tisch erdacht worden war. **Doch in den letzten Jahren zieht in die Rosenstadt Leben ein.** Auf dem Marktplatz wurden einige speziale Geschäfte eröffnet, Galerien und Gaststätten entlang der Hauptstraße hauchen den klassizistischen Gebäuden ebenfalls Geist ein. Im Landschaftspark und am Circus mehren sich Veranstaltungen wie Verkaufsmessen, Tanz- und Kunstperformances, weiße Dinner und Jazz-Konzerte.

Der Schlosspark ist ein beliebter Veranstaltungsort

Ein Rosengarten für Mensch und Tier

53

Mitten im touristischen Nirgendwo liegt das Gut mit dem schönen Namen „Rosengarten". Der See und der denkmalgeschützte Landschaftspark sind seit 2002 wiederhergestellt worden. Ein kleiner Bioladen mit Café lädt zum Verweilen und zum Kauf von Gemüse, Fleisch und Geflügel ein. **Gut Rosengarten beliefert manche Rügener Restaurants der gehobenen Klasse.** Doch Bio ist kein leichtes Geschäft in dieser Region, deshalb sind eine Campingwiese und Ferienwohnungen geplant. Schafe, Enten und Gänse steuern schon jetzt das Ihre zum Landidyll bei. Zwei Kilometer entfernt liegt eine Badestelle am Bodden, die selbst in der Saison verschlafen wirkt.

Gut Rosengarten
Rosengarten 9 a
18574 Garz
038304 828184
www.gutrosengarten.de

Dieser Schafbock ist mit der Flasche aufgezogen worden

54 Ein Sommernachtstraum in Swantow

Swantower Sommerkonzerte
www.kirche-swantow.de

Abseits der touristischen Hauptstraßen bietet die Poseritzer Kirchengemeinde in Swantow Jahr für Jahr ein anspruchsvolles Musikprogramm. **Die gute Akustik der 1469 eingeweihten Dorfkirche St. Stephanus ermöglicht Streich- und Kammermusik, Klavierkonzerte und portugiesische Gitarrenspiele.** Der schön proportionierte, schlichte Innenraum der Kirche und der alte Baumbestand um die Kirche herum tragen zur stimmigen Atmosphäre bei. Die ehrenamtliche Initiative macht es möglich, im Juli und August immer montags um 19.30 Uhr ein tolles Konzert im sommerlichen Abendlicht bei Rotwein oder Holundersekt zu erleben.

Immer montags wird dieser stille Ort mit Musik belebt

Auf dem Jakobsweg

55

Von Rügen nach Santiago de Compostela, das ist ein Stück. **Dennoch gibt es eine Route, auf der die schwedische St. Brigitta mutmaßlich nach Spanien gepilgert ist.** Moderne Abwandlung: Die Rügener Via Baltica beginnt in Sassnitz-Mukran, am Ankunftshafen der Schwedenfähre. Über Lietzow führt der Weg nach Bergen, wo die Kirche eine Pilgerherberge mit zehn Betten betreibt. Weiter geht's über Putbus zur Küste bis Garz und dann über Poseritz nach Altefähr. Dort verkehrten früher Ruderboote nach Stralsund, heute ersetzt sie im Sommer eine Fähre.

Pilgerherberge der ev. Kirche Bergen
Billrothstraße 1
18528 Bergen auf Rügen
03838 253524 (Gemeindebüro)
0177 5606549 (Herbergseltern)
www.pilgerherberge.kirche-bergen.de

Der Küstenweg bei Altkamp ist Bestandteil der Via Baltica

56 Demokrat der ersten Stunde

Ernst-Moritz-Arndt-Museum
An der Anlage 1
038304 12212
www.arndt-museum.de

Das kleine, aber feine Museum in Garz zeigt Originaldokumente, einige Möbel und Bilder der bekanntesten Rügener Persönlichkeit Ernst Moritz Arndt (1769–1860). Der Schriftsteller, Historiker, Freiheitskämpfer und Nationalist wuchs als Sohn eines leibeigenen Vorarbeiters auf dem Gut Groß Schoritz auf. **„Die Freiheit und das Himmelreich gewinnen keine Halben"** (E. M. Arndt). Arndt führte ein bewegtes Leben. Er trat für die Interessen der Deutschen und gegen die französische Besatzungsmacht ein. Politisch agierend und publizierend begründete er mit Zeitgenossen das moderne deutsche Demokratieverständnis.

Dem berühmtesten Rüganer ist in Garz ein Museum gewidmet

Kletterpark mit Aussicht

57

Auf der längsten Seilbahn der Insel durch die Luft rutschen, einen Tarzansprung wagen oder über eine Hängebrücke in einigen Metern Höhe den Fußweg kreuzen. Der Waldseilpark befindet sich im alten Kurpark in Sichtweite zum Strelasund. Im Frühjahr und Herbst, wenn das Blattwerk nicht so dicht ist, kann man auf dem einen oder anderen Parcours beim Klettern die Aussicht auf Stralsunds Silhouette genießen. **Ein intensiverer Genuss dieser Aussicht ist im Sommer bei einer Übernachtung im Baumhaus garantiert.** Sechs Meter über dem Waldboden!

Waldseilpark Rügen

Klingenberg 25
18573 Altefähr
038306 239758
www.waldseil
park-ruegen.de

Rügen spezial: eine Rutschpartie durch die gute Seeluft

58 Fisch essen bei Frau Dursteler

Gasthof Grahler Fähre
Grahler Fähre 1
18573 Altefähr
038306 75013
www.grahler
faehre.de

Vor einem wunderbaren Blick über den Strelasund, den rauschenden Blättern der Bäume, einem ausgedienten Ruderboot wehen rot-weiß-karierte Tischdecken. **In der Küche brät, kocht und schmort die Inhaberin Frau Dursteler den Dorsch, Hecht und Barsch selbst.** Je nachdem, was die Fischer aus der Umgebung ihr anbieten. Komplettiert wird die Karte durch Brathering, Heringssalat und Sauerfleisch. Auch der Schankraum des Gasthofs ist traditionell norddeutsch mit Kachelofen für die kalte Jahreszeit ausgestattet, in der nur am Wochenende geöffnet ist. Die neu gebauten Ferienwohnungen werden ganzjährig vermietet.

Für Liebhaber der norddeutschen Küche und Landschaft

Schweden, Preußen und Mäuse

Die Erde ist fett auf Rügen. Meer und Bodden versprachen in der Vergangenheit einen reichen Fang. Deshalb war die Insel nicht nur bei Mäusen beliebt, die sich in den, von Ernst Moritz Arndt gesammelten, Rügen-Märchen nur so tummeln. **Die Insel stand 150 Jahre unter schwedischer Krone (1648–1815), danach fiel sie an Preußen.** Mit dem Café Friedrich an der Straße nach Zudar erinnern die Betreiber, Familie Zeitz, an diese Zeit. Dahinter bauen die erklärten Märchen-Fans den Museumshof Puddemin auf, ein Freilichthof mit dem Café Mäusewinkel und Häusern, deren Einrichtung aus der Schwedenzeit stammt.

Galerie-Café Friedrich und Museumshof Puddemin

Puddemin 10 und 15
18574 Poseritz
01577 1949888
www.ruegen.cafe

Die nette Atmosphäre im Galerie-Café Friedrich

60

Ein Eldorado für Heringsangler

Anglerscheine und Boote:

Gaststätte Hol Über

Strandpromenade 1 b
18573 Altefähr
038306 68038
und an anderen Stellen im Altefährer Hafen

Sie glitzern an den Paternoster-Angeln wie ein vom Meeresgrund gehobener Silberschatz. Die Heringe, die nach dem Winter bis Ende April in Schwärmen durch den Strelasund ziehen. Schulter an Schulter stehen an sonnigen Tagen die Angler auf dem Rügendamm, der Sund ist übersät mit kleinen Motorbooten. **Der Erfolg des Fangs ist gewiss, manche Angler ziehen an die 100 Silberlinge an Bord.** Seit Neuestem dürfen Boote mit bis zu 15-PS-Außenborder führerscheinfrei gefahren werden. Sind die Heringsschwärme durchgezogen, kommt der Hornfisch mit seinen dunkelgrünen Gräten.

Ein sonniger Apriltag zwischen Altefähr und Stralsund

Häfen rund um Rügen

61

Ob für Boote mit Außenborder oder für Sportboote mit wenig Tiefgang – die Zahl der Miniaturhäfen auf Rügen nimmt von Jahr zu Jahr zu. **Während in Lohme, Sassnitz, Schaprode und anderen Stellen die Häfen zu Marinas oder Yachthäfen ausgebaut wurden, entstehen an anderen Orten neue kleine.** Der Naturhafen Gustow, auf der Halbinsel Drigge gelegen, feiert sogar jährlich ein Hafenfest. Im Naturhafen Puddemin schlafen Segler inmitten herrlicher Schilflandschaft. Ganz zu schweigen von den verträumten Bootsanlegern in Dumsevitz südlich von Garz oder in Lieschow in der Westrügener Gemeinde Ummanz.

Hafenkarte mit rund 50 Standorten:

www.ruegencenter.de/entdecke/rueg-hafenkarte.cfm

Anglerboote in Dumsevitz bei Garz

62

Alles andere als eine Schulspeisung

Pension & Restaurant Alte Schule
Schulstraße 1
18569 Kluis (Ortsteil Gagern)
038305 366

Ein Geheimtipp ist das Restaurant „Alte Schule" in Gagern in der Gemeinde Kluis auf Westrügen. **Für das tägliche Angebot wie „Himmel und Erde" oder Ziegenkäse-Ravioli gibt es keine Karte, es wird passenderweise auf eine Tafel mit Schulkreide geschrieben.** Tatsächlich befand sich in dem Haus von 1845 früher die Dorfschule, bevor Familie Herbst es 1991 zu der Pension und dem etwas düster eingerichteten Restaurant umbauen ließ. Die Gerichte der bürgerlichen Küche auf hohem Niveau können sich dennoch sehen lassen und vor allem schmecken sie ausgezeichnet.

Eine Seltenheit: Kulinarisches auf dem Land

Geheimtipp Gingst

63

Postkarten mit übertrieben langen, bunten Hexen und Nixen nach gemalten Entwürfen der Töpferin Roswitha Burgmann-Seewald, selbst gebackener Kuchen im Café der Historischen Handwerkerstuben, Biogemüse im Regionalwarenladen, ein guter Wein in der Alten Post und Lesungen mit renommierten Autoren im örtlichen Buchladen. **Eine Mischung, die sich nach dem Angebot einer Großstadt anhört.** Das 1.400-Seelen-Dorf Gingst ist mit seinen traditionellen Häusern, ausgewählten Läden und Cafés und der wunderschönen Sankt-Jacob-Kirche ein Kleinod für Individualtouristen geworden.

Tourismusverein West-Rügen e.V.

www.westruegen.net

Einige ausgewählte Geschäfte am Marktplatz

64 Ruhe in Pansevitz

Schlosspark Pansevitz
Am Park 6
18528 Kartzitz
03838 313313
www.stiftung-schlosspark-pansevitz.de

Lediglich ein markanter Turm steht noch vom prächtigen Herrenhaus, in dem zuletzt die Familie von Knyphausen bis zu ihrer Enteignung 1945 gelebt hatte. **Der weitläufige Park, 250-jährige Linden, die Liebesinsel, der Wundersee und der Schwanenteich versanken in der DDR in einen fünfzigjährigen Dornröschenschlaf.** Nach der Wende übergaben die Eigner den zwölf Hektar großen Park mit dem traurigen Rest des abgerissenen Schlosses dem Verein Insula Rugia. Nach umfangreichen Arbeiten ist wieder Ruhe im Landschaftspark eingekehrt. Für manche die letzte Ruhe, denn er fungiert heute als Friedwald und bietet Raum für Kunst und Kultur.

Skulpturen bereichern den Landschaftspark

Fahrradrundtour um Schaprode

65

Nirgendwo kommt die Insel ihrer kleinen Schwester Hiddensee näher als mit dem Stolper Haken. Die 17 Kilometer lange Radrundtour beginnt in Seehof zunächst auf der Straße, dann auf kurz gemähtem Rasen küstennah bis nach Schaprode. **Am Hafen vorbei, wo die Hiddensee-Fähren im Stundentakt ab- und anlegen, Richtung Streu und auf dem gut befahrbaren Deich bis Udars.** Dort links ab, am Gutshaus vorbei, bis zur Kreuzung. Links parallel zur L302 knappe 500 Meter auf einem Feldweg, dann rechts durch das schöne Bauerndorf Neuholstein. Am Ende links am Rassower Strom entlang bis Seehof zurück.

Zum Einkehren empfehlenswert:

Schillings Gasthof in Schaprode

www.schillings-gasthof.de

Der Weg führt am Gutshaus Streu vorbei

66

In den Banzelvitzer Zwergen-Bergen

Rügen-Kite
Am Berg 1
18528 Groß Banzelvitz
0172 6669200
www.ruegen-kite.de

Stolze 42 Meter geht es hinauf in die Banzelvitzer Berge, nördlich von Rappin. Ihre Lage direkt am Großen Jasmunder Bodden auf der einen Seite und dem Tetzitzer See auf der anderen macht sie zum einmaligen Wander- und Ausflugsgebiet. **Ideal für Familien ist der Strand, ein Verleiher von Stand-Up-Paddle-, Surfboards etc. ist vor Ort.** Auf den Wiesen hinter den Bergen, an der schmalsten Stelle zwischen Bodden und See, blüht im Mai das Schmalblättrige Wollgras (Eriophorum angustifolium) mit auffälligen weißen Quasten. Das Riedgras steht unter Naturschutz und ist unerlässlich für die Moorbildung.

Das Riedgras blüht ähnlich wie die Baumwolle

Die Patina der Vergangenheit

67

Rund 130 Schlösser und Gutshäuser sind auf Rügen gebaut worden, einige wenige verfielen in der DDR so sehr, dass sie abgerissen wurden. Prominentestes Beispiel: das Schloss im Putbusser Park. Doch die meisten sind inzwischen aufwendig renoviert und dienen als Wohnhäuser oder beherbergen Ferienwohnungen. **Entstanden sind die Gutshäuser vom 15. bis zum Anfang des 20. Jahrhunderts.** Viele wurden mehrfach überbaut, vergrößert und der Mode angepasst. So auch das Gutshaus Venz auf Westrügen. Als Rittersitz 1486 erstmals erwähnt, wurde es um 1690 mit den auffälligen Giebeln und dem Satteldach versehen.

Sammlung vieler Guts- und Herrenhäuser von Rügen

www.gutshaeuser.de

Das Rittergut beherbergt auch ein Storchenpaar

68 Wanderung zur Vogelinsel

Das hügelige Umland von Bergen auf Rügen eignet sich vorzüglich für Wanderungen. Ein besonders lohnenswerter Rundweg führt über acht Kilometer von Stedar auf die kleine Halbinsel Pulitz, die mitten im Kleinen Jasmunder Bodden liegt. Achtung: **Pulitz ist vom 15. Januar bis 15. Juli voll gesperrt!** Dann gehört das bewaldete Eiland den brütenden Vögeln. In der zweiten Jahreshälfte geht es auf einem Höhenweg mit schöner Aussicht hinab an einem Obstschulgarten vorbei bis über den Damm auf das Inselchen. Ufernah einmal Inselrund, dann zurück. Höchste Erhebung ist der 53 Meter hohe Königsberg.

Blick auf den Kleinen Jasmunder Bodden

Säbelrasseln vor Natur-Kulisse

69

Zwar kann man bei den Störtebeker-Festspielen kaum von einem Geheimtipp sprechen, doch damit es ein besonders schönes Erlebnis wird, Folgendes: Ab 17 Uhr ist Ralswiek für Autos gesperrt, eine Pendelbahn verkehrt, man läuft nur etwa 20 Minuten. Auf einem Platz vor dem Festspielgelände gibt es Imbisse mit unterschiedlichen Angeboten. Man kann auch ein Picknick mitnehmen und es sich auf der Wiese im Hafen gemütlich machen. **Unbedingt sollte man Kissen für die Plastikstühle und Decken für die Beine mitbringen, denn es wird feucht und kalt.** Hinter der Bühne bilden Küste und Großer Jasmunder Bodden eine wunderbare natürliche Kulisse.

Störtebeker-Festspiele
von Ende Juni bis Anfang Sept.
03838 31100
www.stoertebeker.de

Spektakel mit 150 Mitwirkenden und vielen Effekten

70 Ein Park für die Sinne

Park der Sinne
www.ostseebad-binz.de

Obwohl er sich direkt in der Touristenhochburg befindet, geht es im Park der Sinne am Schmachter See gemächlich zu. Die Wege, Terrassen und Bänke wurden inmitten von Bäumen, Sträuchern, Hecken und Blumen 2003 als Außenstandort der Internationalen Gartenausstellung (IGA) angelegt. **Hortensien, Trompetenbäume und wintergrüne Eichen sind in dem Uferpark unter anderem angepflanzt worden.** Sein Name verweist insbesondere auf die sieben verschiedenen Spiel- bzw. Sinnesstationen. Für Kinder ist der Wasserspielplatz und der 27 Meter lange Steg in den Schmachter See eine willkommene Abwechslung zum Strand.

Die Wahrnehmung verändert sich durch Lichtbrechung

Das Steinmeer bei Mukran

71

Feuersteinfelder zwischen Prora und Mukran

www.ostseebad-binz.de

Mehrere große Sturmfluten schoben wahrscheinlich vor circa 4.000 Jahren tonnenweise Feuersteine aus dem Meer an Land. Sie stammen aus Kreideabbrüchen von dem nördlich gelegenen Jasmund. In langen Wällen von rund zwei Kilometern lagerten sich die Steine im Landesinneren ab. **Zu DDR-Zeiten ließ man hier Mufflons die Pflanzen abfressen, damit sich die Natur das Steinmeer nicht erobert.** Heute sorgen Naturschützer dafür, dass Heidekraut, Heckenrosen, Wacholderbüsche und Kiefern nicht überhandnehmen. Vom Parkplatz „Feuersteinfelder" in Neu Mukran läuft man etwa eine halbe Stunde durch den Wald.

Ohne menschliches Eingreifen stünde hier schon Wald

72

Blick auf moderne Hafenarbeit

Café Peters
Fährhafen Mukran
Neu Mukran 19 b
18546 Sassnitz
038392 31011
www.baeckerei-peters.de

Gläserne Bäckereien gibt es inzwischen viele. Doch nur wenige bieten, neben dem nächtlichen Treiben in der Produktionsstätte, tagsüber einen so atemberaubenden Blick wie das neu gebaute Café Peters in Neu Mukran. **Aus dem hallenartigen Gebäude und von der großen Terrasse können Besucher direkt aufs Meer und in den Mukran Port blicken.** Bis zur Energiewende fungierte dieser vor allem als Fährhafen für Schiffe nach Schweden, Dänemark und Litauen. Inzwischen werden von hier aus gigantische Teile von Windkraftanlagen für Off-Shore-Windparks verschifft.

Großzügige Raumaufteilung im Inneren des Cafés

Fisch am Strand

73

Bei vielen ist die urige Hütte am südlichen Ende des Ostseebades durch ihre einzigartige Lage am Strand längst Kult. **Besitzer Jürgen Kruse ist ein echtes Binzer Urgestein und entschied sich zu DDR-Zeiten früh, dem Weg seines Großvaters zu folgen**: Er wollte Fischer werden wie er. Nach der Wende gab es mit ihm zusammen insgesamt acht Fischer in Binz. Heute fährt nur noch Jürgen Kruse ab und zu mal raus und fängt in Stellnetzen Hornfisch oder andere Fische. Er lebt von seiner Räucherei, die natürlich – wie alle Rügener Räuchereien – Ware aus allen sieben Weltmeeren anbieten muss.

Räucherei Kruse
Strandpromenade 3
18609 Binz
038393 2970

Heilbutt frisch aus dem Rauch

74 Mediterranes aus Binz

monte vino
Paulstraße 1
18609 Binz
www.weinhandlung-ruegen.de

casa verde
Zeppelinstraße 5
18609 Binz
www.reformhaus-ruegen.de

Der Name scheint alles zu verraten: Hier gibt es Wein, Antipasti und italienischen Espresso – Indikatoren für gutes, südländisches Leben. **Doch da der Weinberg auf Rügen steht, findet man dort auch alles, was an Insel-Delikatessen und Spezialitäten zu haben ist.** In dem prächtigen Eckhaus im Bäderarchitektur-Stil kann man, draußen oder innen sitzend, beim Verweilen dieses italienische Rügen genießen. Gegenüber dem Weinberg steht das Grüne Haus (casa verde), wo, bereichernd zum guten Leben, ein Reformhaus-Vollsortiment angeboten wird.

Urlaubsflair pur, auch wenn es draußen regnet

„Ich binz"

75

Ob Binz überhaupt auf Rügen liegt, können die restlichen Rügener eigentlich gar nicht genau beantworten. **Zwar hat die kreisfreie Gemeinde über 5.000 Einwohner, doch viele wohnen dann doch nicht richtig in dem Ostseebad.** Es gibt nur wenige Aktivitäten innerhalb der Gemeinde. Das öffentliche Leben beherrschten der Tourismus, das Kurhaus, die Promenade, die Ferienwohnungen, der Strand, die Restaurants. Als Gosch (Sylt) 2011 mit Werbeplakaten auf sich aufmerksam machte, auf denen „Ich binz" stand, konnten die wenigen Rügener in Binz nur mit den Schultern zucken.

Ostseebad Binz
www.ostseebad-binz.de

„Ironman", ein Triathlon im Seebad

76

Apfelgarten mit Seeblick

Naturparadies Teutenberg
Alt Reddevitz 35
18586 Middelhagen
038308 2419
www.natur-paradies.de

In traumhaft schöner Alleinlage auf dem Reddevitzer Höft liegt das Naturparadies Teutenberg. Der Blick von der kleinen Terrasse reicht über die Having bis zum Jagdschloss Granitz. **Bei Hausmannskost und leckerem Saft aus dem über 100 Jahre alten Apfelgarten, der die Terrasse umgibt, lässt sich der Urlaub genießen.** Außerdem befinden sich auf dem Biohof drei Ferienwohnungen mit einfacher Ausstattung und ein Hofladen, wo neben Apfelsaft, Obstbrand auch Sanddornprodukte angeboten werden.

Stammkunden genießen den Ausblick auf die Having

Von Salz- und Heuduft

77

Nah an ihren Traditionen leben viele Mönchguter noch heute. **Eine wertvolle Dokumentation dieses Lebens auf der Halbinsel sammelte die in Klein Zicker geborene Schriftstellerin Ina Rex (1845–1910) in ihrem Heimatroman „Nivellierarbeit der Zeit".** „Hier lebt Mönchgut mit dem Salz- und Heuduft seiner Dünen und Wiesen", schrieb Walter Baetke über den 1999 wiederaufgelegten Roman. Auch das Pfarrwitwenhaus in Groß Zicker, die zurzeit leider geschlossenen Mönchguter Museen in Göhren und die Alltagskultur der Einwohner legen noch Zeugnis ab vom Fischer- und Bauernleben vergangener Tage.

Das Pfarrwitwenhaus Groß Zicker

www.kirche-auf-moenchgut.de

Für verbliebene Frauen und Kinder der Pfarrer

78

Fisch aus Onkel Thoms Hütte

Onkel Thoms Hütte
Fischereibetrieb
Koldewitz
Zum Höft 38
18586 Gager
0170 2728138

Am Fuß der Zicker Berge im Hafen gibt es noch einige Fischer, die von ihrem Fang leben können. Sie beliefern Restaurants auf Rügen, teilweise verkaufen sie auch direkt. So Thomas Koldewitz und sein Sohn. **Sie fahren mit ihrem Fischkutter ganzjährig – wenn es das Wetter zulässt, täglich – hinaus auf die Having oder die Ostsee.** Mit Stellnetzen, Reusen und Langleinen fischen sie beispielsweise Steinbutt, Hecht, Zander, Barsch, Flunder und Dorsch. Den frischen Fisch verkaufen sie, je nach Jahreszeit nachmittags bis abends, küchenfertig im Hafen in Gager.

■ Täglicher Direktverkauf ab Kutter im Hafen Gager

Schöpfrad mit archimedischer Schraube

79

Gemeinde Middelhagen
www.middelhagen.de

Lobbe ist ein kleiner Ort direkt am Ostseestrand, der ein ideraler Ausgangspunkt für Fahrradtouren auf Mönchgut ist. Der Weg von hier aus nach Middelhagen führt hoch auf dem Deich an einem der wenigen technischen Denkmale von Rügen vorbei. **Das pittoreske Windschöpfrad mit einer 1,90 Meter großen Windrose steht hier seit 1920.** Es ist das einzige erhaltene Windschöpfwerk von ehemals 33, die zwischen 1900 und 1965 auf Rügen zur Entwässerung eingesetzt wurden. Das Windrad bewegt eine archimedische Schnecke, die das Wasser hebt. Heute setzt man dafür Pumpen ein.

Das Wahrzeichen von Lobbe bei Sonnenuntergang

80

Die beste Picknickbank

Ostseebad Göhren

www.goehren-ruegen.de

Göhren ist im Sommer ein quirliger Badeort mit zwei Stränden, die unterschiedlicher nicht sein könnten. Der klassische Badestrand mit Kurmuschel und Seebrücke im Norden, der wilde Naturstrand im Süden vom Nordperd, dem östlichsten Punkt von Rügen. Von der Seebrücke aus in den Wald bis zum Nordperd gibt es einen schönen Wanderpfad. **Ein gutes Stück hinter der gesperrten Treppe, schon auf der Südseite, führen links ein paar Treppenstufen auf ein kleines Plateau.** Dort steht eine Bank mit Seeblick, die beste Picknickbank Rügens.

Noch ein paar Stufen bis zur Rast mit Meerblick

Wasserblick auf zwei Seiten

81

Zwar erheben sich die Zicker Berge nur 67 Meter hoch, doch die Krängung (aus dem seemännischen: Schräglage) ist gewaltig. **Dicht aneinandergedrängt stehen die Hügel und bei Auf- und Abstieg über die Magerwiesenlandschaft fühlt es sich ein bisschen an wie im Hochgebirge.** Überraschend ist dann der Blick von der Kuppe, der reicht, beispielsweise zwischen Groß Zicker und Gager, über die Hagensche Wiek auf der einen und den Zickersee auf der anderen Seite. Einige kleine Pfade sind gut beschildert, wie der küstennahe Rundweg von Gager über das Nonnenloch zum Zickerschen Höft.

Blick vom Bakenberg nach Middelhagen

82 Kräutertouren auf Mönchgut

René Geyer
0173 9898031
www.naturgeyer.de

Der „Kräutergeyer" ist Spezialist für Themenwanderungen im Biosphärenreservat Südost-Rügen. Angefangen mit Augentrost, Zittergras und anderen botanischen Besonderheiten auf Mönchgut kennt er sich bei Wild- und Heilkräutern vorzüglich aus. **Doch er bietet nicht nur Spaziergänge und Touren an, die die Natur genau unter die Lupe nehmen.** Auch von der Ur- und Frühgeschichte der Insel weiß er zu erzählen. Ein Gang mit dem seit 2004 als selbstständiger Naturführer tätigen Rüganer zu den Jungsteinzeitgräbern in Lancken-Granitz beispielsweise ist ein einmaliges Erlebnis.

René Geyer ist Experte auf Mönchgut

Versuchsbau für den Westen

83

Auch wenn hier keine Bücher mehr verkauft werden, für Alteingesessene bleibt die Versuchsschale in Baabe der „Buchkiosk". Ulrich Müther (1934–2007) ließ die Trichterschale aus Beton 1971 von seiner Firma VEB Spezialbau für eine wesentlich größere Version im nordrheinwestfälischen Frechen gießen. Er testete damit, ob die Statik, die auf dem Trichter in der Mitte liegt, hält. **Trotz aller Bemühungen des West-Architekten verweigerten die DDR-Behörden Müther und seinem Bauteam die Ausreise.** Mit der in Baabe erprobten Statik wurde das Keramikmuseum mit einem Durchmesser von 32 Metern schließlich von anderen gebaut.

Stiftung Keramion Frechen

www.keramion.de

Schmuckverkauf um die Trichterschale herum

84 Ein alter Baustoff von der Insel

Reet oder Riet bezeichnet das an Gewässern oder auf sumpfigen Geländen vorkommende Schilfrohr (Phragmites australis), das an den Ufern reichlich vorhanden ist. **Die lange Tradition des Schilfrohrdaches auf Rügen wird heute vor allem bei Neubauten mit Ferienwohnungen weitergeführt.** Gut abgetrocknet muss das Schilf sein und dann, wie früher, als Warmdach, also ohne weitere Isolierung von innen, oder als gut hinterlüftetes Kaltdach aufgebracht werden. Reetdächer überstehen bei fachgerechtem Aufbau in aller Regel 30 bis 50 Jahre.

Klassische Schichtung für den Trockenvorgang

Gasthof mit Klosterziegeln

85

Indizien legen nahe, dass die „Linde" der älteste Gasthof Rügens ist. Um 1400 soll er, laut Lindenwirt Steffen Leistert, entstanden sein. „Bei uns sind Ziegel im sogenannten Klosterformat verbaut worden, gleicher Jahrgang, gleiche Farbe wie beim Kirchbau nebenan." **Unverputzte Mauern, sichtbares Fachwerk, rustikale Holzdielen und passende Möbel dazu verbreiten das Flair von Gestern.** Im ersten Stockwerk des Gasthofs sind allerlei Dinge aus der Mönchguter Vergangenheit gesammelt, deren Betrachtung einen Museumsbesuch auf angenehme Weise ersetzen können.

Hotel und Gasthof Zur Linde
Dorfstraße 20
18586 Middelhagen
038308 5540
www.zur-linde-ruegen.de

Antikes und Antiquitäten gibt es hier zu sehen

86 Exkursion in den Kreidebruch

Kreidemuseum Gummanz
Gummanz 3 a
18551 Sagard
038302 56229
www.kreidemuseum.de

In dem in einer Werkshalle untergebrachten Kreidemuseum findet man alles über Schreibkreide, den Abbau und eine sehenswerte Fossiliensammlung. **Zweimal im Monat während des Sommerhalbjahres veranstaltet das Museum eine Exkursion in den noch aktiven Tagebau in Promoisel, wo Kreide für Kosmetikprodukte abgebaut wird.** In dem Bruch neben der Produktionsstätte kann man selbst nach Fossilien suchen. Die Exkursion leitet ein Geologe, der mit Tipps und Wissen zur Seite steht. Allerdings müssen sich Teilnehmer frühzeitig über die Internetseite angemeldet haben.

Der letzte genutzte Bruch mit Förderband

Mit elegantem Schwung zum Meer

87

Die rund 250 Meter lange Hängebrücke in Sassnitz gehört jetzt schon zu den Kultobjekten in der Hafenstadt, obwohl sie erst 2007 gebaut wurde. Das Ingenieurbüro „Schlaich, Bergermann und Partner" aus Stuttgart entwarf die Brücke, der Binzer Architekt Hartmut Pieper übernahm die Bauleitung. **Die reine Fußgängerbrücke wurde 2010 mit dem Deutschen Brückenbaupreis ausgezeichnet.** „Mit ihrem weit gespannten, kühnen Schwung über 22 Meter Höhenunterschied hinweg erfreut die neue Brücke Betrachter wie Benutzer", heißt es in der Begründung der Jury.

Stadt Sassnitz
www.sassnitz.de

Rollstuhlgerecht, aber nicht für Autos geeignet

88 Wilde schöne Küste

Gemeinde Lohme
www.lohme.de

Oberhalb des Nationalparks Jasmund an der Steilküste befindet sich Lohme. Rund 50 Höhenmeter unter dem Örtchen, über eine Treppe zu erreichen, liegt der Yachthafen. **An warmen Tagen versprüht er südländischen Charme, noch dazu wenn die Sonne im Meer versinkt.** Links und rechts von Lohme schlängeln sich sehr lohnenswerte Pfade an der Küste entlang. An den bewaldeten Hängen gibt es große Flächen reizvoller Hexen-, Wald- und Sumpf-Zieste. Sogar wilde Orchideen wie das Knabenkraut sollen gesichtet worden sein. Wer über den Feuerstein-Strand gehen möchte, sollte Zeit für den beschwerlichen Gang einplanen.

Buchenwurzeln in bizarrer Verschlingung

Wendeverlierer DDR und Fischerei

89

Über zwei Jahrzehnte lang gingen mehr als 100 modern ausgerüstete Kutter und Trawler aus Sassnitz in der Ostsee, dem Skagerrak, der Nordsee, der Irischen See und dem Atlantik für das Kombinat auf Fischfang. Einer der stärksten Wirtschaftszweige von Sassnitz war bis 1984 die Hochseefischerei. **Heute ist der einzige noch übrig gebliebene Betrieb aus dem Kombinat die Rügen Fisch AG.** Einige Fischkutter der ehemaligen DDR-Fischereiflotte liegen als Räucherschiffe in den Häfen, so zum Beispiel in Sassnitz und Ralswiek.

Rügen Fisch AG
www.ruegenfisch.de

Die Fangquote setzt den letzten Fischern zu

90

Die Welt der 1.000 Inseln

Dahlmanns Bazar
Uferstraße 1
18546 Sassnitz auf Rügen
038392 677476
www.dahlmanns bazar.de

Orientalische, karibische oder kolonialistische Anklänge findet man im Lokal, das in Altsassnitz vor einiger Zeit eröffnet hat. Perfekt passt diese Einrichtung zu dem Haus im Bäderarchitektur-Stil. Die engagierten Inhaber Marlen Melzow und Volkmar Billig beschränken sich nicht darauf, Kaffee und Wein auszuschenken. In einem zusätzlichen Raum bieten sie regionale Spezialitäten und ausgewählte Feinkost an. **Das Herzstück stellt jedoch ein ausgewähltes Büchersortiment dar, das die Welt der Inseln zum Thema hat.** Dazu passend gibt es Lesungen, Kostproben aus Romanen oder Gedichte.

Mitten in Altsassnitz von der Karibik träumen

91

Wunder aus der Kammer

„Sie sehen sich in Ruhe um und wir arbeiten hinten in der Werkstatt", steht auf einem Schild im Eingang der Wunderkammer. Dort werden beispielsweise von der aus Berlin nach Rügen zugezogenen Irena Schaller die ausdrucksstarken Nixen gemacht, die dann neben tausend anderen großen und kleinen Originalen in dem schlauchartigen Laden sitzen. **Das Wort Wunderkammer bezeichnete ursprünglich ein Raritäten- oder Kuriositätenkabinett, das Objekte in ihrer unterschiedlichen Herkunft und Bestimmung gemeinsam präsentierte.** Das ist der perfekte Name für dieses Kleinod im Stadthafen von Sassnitz.

Die Wunderkammer
Hafenstraße 12
18546 Sassnitz
038392 634231
www.diewunderkammer-ruegen.de

Perfekter Laden für Entdeckungsreisende

92 Sturzbäder als Gesundbrunnen

Gemeinde Sagard
www.sagard-ruegen.de

In Sagard, weitab vom Meer, steht die Wiege des Badetourismus. Es begann damit, dass Pastor Heinrich C. von Willich (1759–1827) bei seinem Pfarrhaus eine eisenhaltige Quelle entdeckte. Zusammen mit seinem unternehmungsfreudigen Bruder, dem Landarzt Moritz von Willich (1750–1810), ließ er ein Badehaus bauen. Ab 1794 boten sie gesundheitsfördernde Warm- und Kalt- sowie Sturzbäder an. **Die „Brunnen-, Bade- und Vergnügungsanstalt" erfreute sich dank wärmster Empfehlungen der damaligen Mediziner schnell großer Beliebtheit.** Der verträumte Park mit Pavillon ist auch heute eine kleine Reise wert.

Hier weilte man nach dem Badespaß

Kooperationsfreudige Töpferin

93

Die Keramikerin Dörte Päplow dreht nicht nur schöne Fayencen mit einfallsreichen Mustern. **Jedes Jahr ein Mal lädt die Töpferin zu einer Vernissage ein.** Immer kooperiert sie dann mit jemand anderem von Rügen: etwa mit der Bienenwachskerzen-Herstellerin Ursula Korn aus Putbus. Für die Kerzen fertigte die Töpferin passende Kerzenleuchter. Schüsseln machte sie für die unterschiedlichen Tomaten- und Paprikasorten der Gärtnerei Müller aus Garz. Becher und Tassen für die Getränke der Rügener Kaffeerösterei. Dazu gibt es ein Buffet mit Klavierbegleitung, am Abend der Vernissage legt ein DJ im benachbarten Grundtvighaus auf.

Töpferei am Grundtvighaus
Seestraße 3
18546 Sassnitz
038392 57775
www.toepferei.grundtvighaus.de

Latte-macchiato-Becher mit individueller Bemalung

94 Fröhliche Stunden im Krug

Schifferkrug Kuhle
Starrvitz 2
18556 Dranske
038391 938845
www.schifferkrug-kuhle.de

Der Schifferkrug hat sich bis heute den Ruch der Vergangenheit bewahrt. Suchen muss man ihn nicht, er steht direkt an der Straße vor Dranske. **Das dürfte der Grund dafür sein, dass er als eine der ältesten Gaststätten Rügens bereits 1455 den Durst der Vorübergehenden stillte.** Die jungen „Burn", also Bauern, wurden regelmäßig zum Fischen geschickt, besonders im April, wenn die Heringsschwärme durch die Ostsee ziehen. Ob die jungen Männer ihren Fang eingesalzen auf den Markt nach Wiek brachten oder aus den Dörfern kamen, um ihre Netze in der Ostsee auszuwerfen: Immer führte ihr Weg sie am Schifferkrug vorbei.

■ Zwischen Dranske und Altenkirchen gelegen

Der räuchernde Fischer

95

Ein Wittow-Urlaub ohne Fischbrötchen? Unvorstellbar. In jedem Ort der Halbinsel qualmt mindestens ein Räucherofen. Der schwarz-glänzende Ruß im Inneren zeigt, dass er nicht nur ab und zu mal angeheizt wird. Jedoch machen es Fangmethoden und damit die Fangquote unmöglich, nur heimische Fische zu räuchern. Denn welcher Gastronom will über Wochen nur Flunder-Brötchen anbieten? **Also gibt es Wittower Rotbarsch aus dem Nordwestatlantik, Wittower Alaskaseelachs und Wittower Pangasius aus dem Nordostpazifik.** Wenn ein Schild verkündet „Hier räuchert der Fischer selbst", sollte man denken: Glück gehabt mit der Umschulung.

Noch gibt es einige Fischer, wie hier in Wiek

96 Hotel mit Tretboot

Hotel Am Wasser
Dorfstraße 79
18556 Breege
038391 4020
www.hotelamwasser.de

Von Restaurants, die den Namen „Zum weißen Hirsch" tragen, erwartet niemand einen Hirsch, weder auf der Speisekarte noch auf der Terrasse. Entlang der Dorfstraße in Breege geht es einem mit dem Schild „Hotel Am Wasser" ähnlich. Doch weit gefehlt. Das Hotelgrundstück fußt tatsächlich im Großen Jasmunder Bodden. Neben vielen norddeutschen Speisen, hauseigenem Kuchen sowie Hotelzimmern bietet der familiengeführte Betrieb Gästen an, im Garten eine schöne Zeit zu verbringen. **Strandkörbe laden dazu ein, die Ruhe zu genießen.** Wer aktiv werden will, kann mit dem Tret- oder Ruderboot einen Ausflug machen.

Eine Ruderpartie, dann Kaffee im Strandkorb

Steinreiche Insel

97

Oberhalb von Kap Arkona befindet sich der nördlichste Punkt Rügens: Gellort. Dort liegt, vor rund 20.000 Jahren von den Eismassen zurückgelassen, der Siebenschneiderstein. Er ist der zweitgrößte Megalith auf Rügen und der größte an Land. **Insgesamt gibt es elf Megalithe auf oder vor der Insel, die mehr als zehn Kubikmeter Volumen haben und unter Denkmalschutz stehen.** Der Buskam vor Göhren mit circa 1.626 Tonnen und 600 Kubikmeter Volumen ist zwar zehn Mal (!) größer als der Siebenschneiderstein, doch zwei Drittel befinden sich unter der Wasseroberfläche. Ob sieben Schneider auf dem Stein in Gellort Platz finden, bleibt zu testen.

Buchtipp:
Bernward Wember
Große Steine auf Rügen
Steinmythos und Megalithkultur. Eine Schatzkammer der Steinzeit
Reprint-Verlag Rügen 2007

In seiner Nähe liegen weitere imposante Riesen

98 Mit der Fähre auf die Insel

Brückenzug auf dem Rügendamm:
täglich 5.20, 8.20, 12.20, 15.20, 17.20 und 21.30 Uhr

Seit 1936 verbindet ein Damm die Insel Rügen mit dem Festland. **Dennoch ist von dem „Inselfeeling" an einigen Stellen etwas geblieben.** Der Rügendamm, den sich Autos, Züge, Radfahrer und Angler teilen, ist sechs Mal täglich während des Brückenzugs für 20 Minuten gesperrt. Die neue Rügenbrücke dagegen, die Kanzlerin Merkel 2007 einweihte, ist für alle Segelmasten hoch genug. Urlauber können außerdem von Stahlbrode aus mit der Glewitzer Fähre den Strelasund queren. Auch Wittow ist entweder über Land oder mit der Wittower Fähre von Trent aus zu erreichen.

In der Regel keine langen Wartezeiten nach Wittow

Jungsteinzeit in Nobbin

99

Eine sehr abwechslungsreiche Küstenwanderung auf Wittow startet in Nobbin und führt nordwärts. Nach circa 300 Metern befindet sich links das bedeutende Großsteingrab Nobbin aus der Jungsteinzeit. Vermutlich wurden die Megalithen vor rund 5.000 Jahren wie auf einem überdimensionierten Fließband mit aneinandergelegten Baumstämmen an Ort und Stelle gerollt. **Die Steine stehen in exakter Nord-Süd-Ausrichtung und könnten einen Schiffsrumpfs nachahmen.** Die Wanderung folgt etwa vier Kilometer dem Küstenverlauf und endet in dem Fischerdorf Vitt. Für den Rückweg ist es möglich, die Buslinie 11 von Putgarten nach Altenkirchen zu nehmen.

Sandra Pixberg, geb. 1970, lebt seit 2002 auf Rügen. Von Sassnitz aus zog sie 2008 nach Altefähr. Die studierte Kulturwissenschaftlerin arbeitet als Journalistin, Autorin und Lektorin. Bisherige Veröffentlichungen: ein Krimi, eine Biografie und einige Reiseführer über Rügen und die Nachbarinseln.
Mehr unter: www.textbuero-ruegen.de

Der Verlag und die Autorin danken den 99 besonderen Seiten von Rügen und ihren Initiatoren und allen, die ihre Fotos zur Verfügung gestellt haben.

Der Verlag und die Autorin freuen sich über Ihre Hinweise:
info@mitteldeutscherverlag.de

Fotografien: Sandra Pixberg (spix), außer S. 14, 15: Klaus Wondratschek; S. 16: haiderose – fotolia.com; S. 19, 122, 153: Volker Schütt; S. 20: Kai Quistorf; S. 23: Christian-Müther-Stiftung; S. 28: Florian Hoffmann (WWF); S. 34 u.: Sven Wichert; S. 50: Peter Somerlik; S. 52, 60, 106: Ralf Eppinger; S. 64: Marina Gager GmbH; S. 66: Janet Lindemann; S. 70: Björn Melms; S. 72, 107, 140: Karolin Küntzel; S. 86: Jakob Pixberg; S. 108: Anne Heinike; S. 112: Clarini – fotolia.com; S. 119: Regina Zeitz; S. 142: Heike Lange

Gesamtherstellung: Mitteldeutscher Verlag, Halle (Saale)

ISBN 978-3-95462-773-8

Printed in the EU